班主任必备丛书
BANZHURENBIBEI
CONGSHU

小学班级
危机管理策略指南

李卓 刘莉娜 宋丹 编著

吉林出版集团　吉林文史出版社

图书在版编目（CIP）数据

小学班级危机管理策略指南／李卓，刘莉娜，宋丹编著. ——长春：
吉林文史出版社，2012. 12
（班主任必备丛书）
ISBN 978－7－5472－1364－3

Ⅰ. ①小… Ⅱ. ①李… ②刘… ③宋… Ⅲ. ①小学－
班级－学校管理－指南 Ⅳ. ①G622.421－62

中国版本图书馆 CIP 数据核字（2012）第 307950 号

班主任必备丛书

小学班级危机管理策略指南

XIAOXUEBANJIWEIJIGUANLICELUEZHINAN

编著／李 卓 刘莉娜 宋 丹
责任编辑／周海英 陆栎充
封面设计／小徐书装
出版发行／吉林出版集团 吉林文史出版社
地址／长春市人民大街 4646 号
邮编／130021
电话／0431－86037507
网址／www. jlws. com. cn
印刷／北京中振源印务有限公司
开本／710mm×1000mm 1/16
印张／14 字数／150 千字
版次／2013 年 3 月第 1 版 2019 年 12 月第 2 次印刷
书号／ISBN 978－7－5472－1364－3
定价／39. 80 元

《教师继续教育用书》丛书编委会成员

主　任：

张　旺　徐　潜

副主任：

张胜利　张　克　周海英

编　委：（按姓氏笔画排序）

于　欢　于　涉　孙中华　刘春雷

李井慧　沈　健　孙道荣　陈学峰

陆栎充　赵慧君　高冰若　康迈伦

目 录

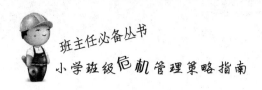

班主任必备丛书

小学班级危机管理策略指南

班主任必备丛书

小学班级危机管理策略指南

第一章　小学班级的危机与危机管理

☆ **本章导读** ☆

小学作为九年义务教育的起点，是广大适龄儿童接受启蒙教育的重要环节，也是他们融入集体和社会生活的必要过程。因此在青少年儿童的教育和身心健康发展过程中，小学所承担的使命与责任是举足轻重的。然而随着社会的变迁，我们的校园不再宁静，越来越多的危机事件出现在小学校园中，致使正常稳定的学校秩序遭受破坏，学校教职工和小学生的身心健康及人身安全受到严峻挑战。危机管理作为公共管理的重要内容正逐步走入教育研究者和管理者的视角。

面对这些潜伏着的可能出现的危机，不仅要以学校为首建立起高效、系统、科学的危机管理体系，作为学校基本单位和重要环节的班级也应建立起更详尽的危机管理预案，让班级的主要管理者——班主任积极参与到危机管理的学习与实践中来，在挑战和责任中不断提高自身相应的技能和素养，以便恰当应对班级可能出现的各种危机。

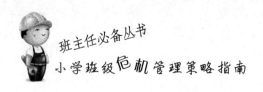

第一节　小学班级危机现象面面观

【本节导读】

提起小学班级的生活，人们的脑海里自然而然地就会浮现出孩子们欢快游戏、书声琅琅的画面，一切都是那么祥和。在小学班级中，孩子在老师的帮助和自主努力下获得发展。粗看小学生的一日班级生活，各环节似乎很简单，一般包括：进班、晨检、晨间活动、教学活动、课间游戏、间操、午餐、课余活动、离班等。然而，随着理想色彩的渐渐消退，在这样一个理想化的教育乐园里，在这看似简单的一日生活中，却会潜藏着重重危机。

班级危机事件多种多样，除了严重的自然灾害外，还有诸如学生自杀、心理异常、打架斗殴、传染病蔓延、火灾、游戏意外等。这些危机事件一般具有突发性、紧迫性以及破坏性等特点，如果处理失当，会给学生、班级乃至学校带来严重的后果。

案例：

2005年10月25日晚上8时许，四川省巴中市通江县某小学四年级至六年级寄宿制学生晚自习结束后，在下楼梯时发生拥挤踩踏事故，造成8名学生死亡，45名学生受伤。

2005年2月24日上午10时左右，一名男子潜入上海市普陀区西康路上的住宅小区"半岛家园"进行盗窃，被人发现后，该男子在小区保安围追的过程中逃窜至附近的某学校，进入一年级四班教室，持刀劫持了一名学生作为人质……

2012年9月21日上午，湖南石门县蒙泉镇夏家巷完小学12名学生饮用"金健学生奶"（由湖南阳光乳业股份公司供应）后，出现呕吐、腹痛症状。经检查，12名学生均系急性胃肠炎症状。

❄诊断分析❄

校园中的危机事件接踵而至，触目惊心。我们的校园不再是真空的堡垒，身处其中的老师和学生都应时刻警惕，危机就在身边。危机为什么能发生在校园？当危机出现预兆时能否被察觉，当危机降临时能否被妥当处理、减少伤害？这都是我们关心的问题。班级作为学生学习的主要场所，可谓发生学校危机的前沿阵地，把好班级这一关，对于整个学校危机的防控起到至关重要的作用。

【理论课堂】

一、班级危机的涵义

关于危机的涵义有几种解释，其一源于《辞海》，指潜伏的祸机，处于生死成败的紧要关头；其二是美国学者德罗森塔和皮思伯格界定的："危机是指具有严重威胁，不确定性和有危机感的情境"；其三是我国多数学者的观点：即"危机是指由意外事件引起的危险和紧急的状态"。在分析上述概念的基础之上，我们把班级危机界定为：发生在班级内或与班级有关，由班级内外因素引起的，干扰班级正常运行的，严重损害或可能严重损害班级组织功能及成员利益的突发事件或危险状

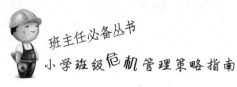

态。狭义的班级危机仅指班级危机事件，主要包括日常所说的"意外事故"和自然灾害、传染病流行等突发事件。广义的班级危机，既包括班级危机事件，也包括班级危机状态，如：潜在的危机前兆，如能尽早发现并排除，则可避免危机的爆发。

小学班级危机是整个学校危机的一种细化，它是由发生在整个学校的内部波及影响到各个班级的危机和由于不同班级自身矛盾特点所可能引发的危机构成的，它常常既具发生在整个学校内部重大危机的普遍性，也具有只小范围影响班级群体内部正常学习活动的特殊性。那么，在小学班级中容易出现什么样的危机呢？

二、小学班级的常见危机类型及特点

将小学班级可能遇到的危机按照一定的标准进行划分是班主任及学校高效迅速应对，进行班级危机管理的基础。不同的划分标准将危机区分为不同类别。从性质和特点来看可分为人为和非人为的小学班级危机；从危机波及范围的大小可分为，内部危机和外部危机；从危机的影响形式不同可分为，心理危机和生理危机。综合小学班级的各种危机，常见的类型有：

1. 班级内部教学活动及学具使用和硬件设备保养不当可能引起的危机事故：如水、电、火、教学危险品等。

2. 危及身体健康的突发疾患事件：如2010年某小学的200名学生集体牛奶中毒；2003年的"非典"及2008年小学生群体中普遍出现的"手足口病"均属此列。

3. 自然灾害：地震、水灾、台风等。

4. 师生冲突：体罚、叛逆等。

5. 学生问题：暴力、破坏、偷窃等。

6. 不良分子入侵对班级学生造成可能性威胁：滋事、劫持、凶杀等。

7. 小学生心理问题可能引发的自闭与自杀危机等。

尽管危机事件形形色色，但具有如下共同特征：

1. 突发性和紧迫性。许多小学班级危机出现前或许有一定的预示和征兆，但真正的爆发时间、地点，及涉及的范围、影响的程度都是难以预知的。在没有危机管理指导的情况下，小学班级的班主任很难在很短时间内从常规的班级管理经验中整理出科学有效的应对策略。很多情况下这种延迟性危机解决的危害远远大于危机本身的危害性。

2. 不确定性。小学班级危机的不确定性主要表现在危机实际的情况和我们所掌握的信息之间的不对称性，危机发展事态的应激变化，危机恢复时不同的心理承受度等。

3. 对学生身心健康具有危害性。危机的发生势必对学生造成伤害和损失，其程度与危机的具体类别密切相关，也与危机的处理方式紧密关联。

4. 危机影响的持续性。小学生感情敏感脆弱，心理发展不健全，不成熟。危机的负面影响持续性长，需要采取恰当的方法及时干预。

5. 危机的双重效果性。所谓"危机"通常都蕴藏着两层含义，危害和机遇，二者的转化取决于班主任的危机管理能力。

三、班级危机可能造成的影响

各种危机袭来，如果缺乏应对能力，不能及时恰当地处理，会给班级和学生身心发展带来很多不利影响，甚至酿成严重后果。可能造成的

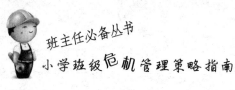

损害有：

1. 人身的损害：包括伤损肉体、危害健康、甚至做成永久伤残、丧失生命等各种可能情况。

2. 物质的损失：成员财物的直接损失，学校实质利益或设施受损等。如火灾、校舍倒塌，设施和仪器的丧失。

3. 责任的承担：包括要对人身伤损或财物损失负责任。这里所说的责任，包括了直接或间接的法律责任、经济责任及道德责任等。例如学生若参与学校活动而受伤，校方可能要负多重的责任。

4. 声誉的损害：这包括团体的声誉、个人的名声、学校的形象及成员的自我形象的损害等。

5. 教育的损害：经历危机，相关成员间关系恶化，造成师生、生生之间的严重对立，影响班级组织的凝聚力；造成班级组织的混乱，影响正确舆论的形成；损害班集体的形象和声誉，降低班集体的影响力；造成学生的心理压力。突发事件往往影响很大，处理不好会造成十分严重的后果，对班主任以后的工作十分不利。所以，班主任必须慎重处理突发事件。

四、班级出现危机的原因分析

班级突发事件的发生往往是若干因素的综合作用，而且多数是一定时间积淀的结果。但是，它的发生必然存在一个偶然发生的诱因，而且与学生发展密切相关。综合分析，原因大致包括以下三大方面：

1. 难以抗拒的自然灾难

有些危机事件如地震是人力所不能防控的，我们不能阻止它的发生，只能提前做好应对演练，一旦事件发生，按照避难演练进行恰当的应急处置,尽量降低损害程度。

2. 小学生身心发展不成熟,缺乏危机辨识能力和自我保护能力

小学生处于成长的懵懂阶段,对身边的危险缺乏足够的认识,会由于好奇、贪图好玩而使自己陷入危机境地;他们的自我保护能力欠缺,心理发展尚不成熟,社会风气中不良因素的影响以及在现实中遭遇的各种事件的刺激都可能引发一些危机的出现。

3. 教师自身欠缺危机意识和技能

在现有的教师教育体系中,对于危机管理的智能培训不足,班主任对可能发生的班级危机缺乏安全警觉性,一旦发生危机事件,又仅凭经验盲目应对,事先没有准备,紧急状况下临时处理,难免手忙脚乱,考虑不周,处理效果欠佳,留下遗憾。

因此,居安思危,有备无患,在班级中加强危机管理很有必要。

【应对指南】

在班级管理中可能出现的危机状况很多,班主任千万不要就此产生畏难心理,古人云:"生于忧患,死于安乐",其意就是告诫人们要有忧患意识,充分认识危机存在的必然性,时刻准备应对可能出现的状况。只要正确看待、应对得法,所有的危机都会是增强我们自身管理能力的一种锻炼和积累。

一、正确认识危机

美国前总统肯尼迪在其幕僚与汉学家指点之下,对"危机"概念的解释颇具哲理。他说,汉语中的"危机"一词由两层意思组成:前一字表示"危险",后一字表示"机遇"。危机与机遇,一字之差,天渊之

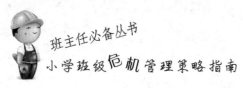
别。这说明危机的本质具有二重性，危机危机，有危有机，危险总是与机会并存。而且危和机是可以相互转换的，危机是恶化与转化的分水岭。

危机的两面性对我们具有极大的启发：当危机初发时，若不加以控制，会由微小的危机发展成为更大的危机，从对局部造成损害发展到对全局造成损害，结果酿成更大的灾难。从"涟漪效应"、"蝴蝶效应"、"多米诺骨牌效应"，"千里之堤，溃于蚁穴"等现象，我们可以看出危机的危害性。出现危机固然是一件坏事，但是只要我们做出正确的应对决策，就可以把坏事有利化。为此，在危机面前我们不要畏惧退缩，要勇于面对，认真分析危机的成因及危害程度，要积极寻求化解危机的办法，把危机事件作为一种锻炼人、考验人的机遇。培养我们处理危机事件的能力，有利于今后在处理危机事件时，临危不惧、临危不乱、应对有力，能够妥善和有效地化解危机，转危为安。

二、敏锐辨识危机

一幢居民大楼的一扇玻璃窗被打碎，如果得不到及时修理，就是一个信号：即没有人关心玻璃是否完好，于是就会有更多的玻璃被打碎——这就是著名的"破窗"理论。将其与班级管理联系起来，班主任应高度警觉最先破碎或可能破碎的玻璃窗，从"一叶之落，知岁之将暮"，从而将一系列可能对班级发展产生不利影响的危机事件"察于未萌、止于未发"。

其实，除了不可抗的自然灾难和偶发事件，每一次危机都并非是空穴来风，或多或少都存在着一些事前的征兆可以被我们搜寻到。更多的时候，我们可能对这些征兆已经见怪不怪、熟视无睹，从而给危机的爆发留出了时间和机会,最终危机爆发出来才悔不当初。因此,时刻留意观察,通过多种途径全面而敏锐地把握学生动态,对出现异常表征的学生保持关注,对可能发生危险的环境予以警示或整修,杜绝管理疏漏。尽早识别出危机并尽快做出反应,将使可能发生的危机消解,从而避免产生严重后果。

三、恰当处理危机

班主任应对危机事件应坚持四个重要原则,即及时到位、程序正当、多方协作和通情达理。及时到位,就是指在发生突发事件时,班主任要尽可能第一时间到达现场,因为你的及时存在,就是对事件本身的重要关注。到位而不缺位,是班主任处理突发事件的重要原则,否则很难获得第一手的真实有效的信息;到位而不越位,是指在处理事件的过程中,班主任要明白自己的位置,不盲目下定论、不乱做承诺,特别是发生学生伤害事故的时候,一定要及时上报,避免事件处理的失当。

程序正当,就是在处理突发事件的过程中,要严格遵守学校的程序性要求,做到尽职尽责。比如,发生学生伤害事件,必须第一时间向校医室求助,与此同时向分管领导汇报,如需去医院治疗,班主任须陪同,并第一时间联系家长。再如,教室发生偷窃事件,绝不可以对学生进行搜身,而是要及时向安保人员报告,必要时可以报警,并等待后续处理。

多方协作,就是在处理突发事件的过程中,要努力发挥群体的合力,特别是发挥学生群体和教师群体的力量,一起做好处理工作。如,在发生学生伤害事件时,家长一般会比较激动,这时,我们一方面要寻求学生的协作,特别是做好现场学生的目击笔录,还原真实的过程;另

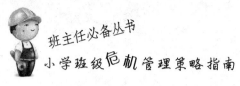
一方面要寻求任课教师的协作，可以请办公室年长老师先帮忙稳定家长情绪，然后你再出面协调，就能比较顺当。

通情达理，就是在处理突发事件的过程中，注意以理服人，以情感人，特别是得理要饶人。突发事件的发生对学生、家长或教师都是一次突然考验，这时我们最需要的不是匆忙的结论，而是有效的沟通。而沟通的关键则在于通过情的温润，到达理解的彼岸。

❋安全小贴士❋

通常认为，班级危机干预的重点对象应包括：

(1)遭遇突发事件而出现心理或行为异常的学生。

(2)患有严重心理疾病的学生。

(3)既往有自杀未遂史或家族中有自杀者的学生。

(4)身体患有严重疾病、个人很痛苦、治疗周期长的学生。

(5)学习压力过大、学习困难而出现心理异常的学生。

(6)个人感情受挫后出现心理或行为异常的学生。

(7)人际关系失调后出现心理或行为异常的学生。

(8)性格过于内向、孤僻、缺乏社会支持的学生。

(9)严重环境适应不良导致心理或行为异常的学生。

(10)家境贫困、经济负担重、深感自卑的学生。

(11)由于身边的同学出现个体危机状况而受到影响，产生恐慌、担心、焦虑、困扰的学生。

(12)其他有情绪困扰、行为异常的学生。

尤其要关注同时具有上述多种特征的学生，其危险程度可能更大，应成为危机干预的重点对象。

❖拓展视窗❖

在古代，有人写过一个对联，"曲囱去薪为下策，焦头烂额是上宾"，意思是讲，农村有一家人，用很大的灶做饭，他们经常把柴和草放在灶旁边，认为这样比较方便，但是经常会有火星从烟囱溅出来，把灶旁边的柴和草点着，所以不得不经常请邻居来帮忙救火。有一个人就向主人建议，如果能把烟囱弯曲一下，再把柴火挪开一些，火星就不会把柴火点着了。但是这家的主人不仅不接受这个建议，反而嫌人家多事，这样他就每次都请人救火，每次都用好酒好菜招待救火的人。这个故事里蕴含的道理就是：人们往往都关心发生问题后怎么处理，但是对前期的预防却不闻不问，所以危机就接踵而至了。仔细想想，学校中的很多班主任管理班级时不也常常这样"焦头烂额"么？

❖管理感悟❖

我们不敢奢望班级永远保持宁静，但却可以从每一次的危机中，强化班级的安全预防工作，提供给学生一个安全、舒适的学习环境，不但是学生应享的权利，也是老师的责任。

第一章 小学班级的危机与危机管理

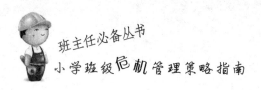
第二节 危机管理：小学班级管理的新任务

【本节导读】

诺曼·R·奥古斯丁在《危机管理》中说："每次危机既包含导致失败的根源，又孕育着成功的种子，发现、培育以便收获这个潜在的成功机会，就是危机管理的精髓，而习惯于错误地估计形势，并令事态进一步恶化，则是不良危机管理的典型特征。"可见，正确处理危机，是摆在班主任面前的一项重要任务。

对班级的危机事件或危机状态进行预防、应对、恢复的策略应对过程，即是班级危机管理，班级危机既是一种"危机"，也是一种"契机"。从哲学角度来看，危机具有不可避免性的特征。危机的客观存在与如何预防、诊断、减少、克服甚至消除危机的负面影响，构成了发展中的矛盾运动。这样一来，无疑就涉及到如何采取措施进行班级危机管理的问题。

案例：

某小学班级召开家长会时，有家长向老师提出："听孩子说学校中午的盒饭有一股塑料味，饭是直接用塑料饭盒蒸的，一打开密封膜，就有一股塑料味扑鼻而来。孩子们吃这样的饭安全吗？"一石激起千层浪，家长们纷纷开始质疑。班主任只回答说，盒饭是学校向餐饮公司订购的，应该符合卫生标准。可是这并不能让家长们信服。该消息在家长会后传遍学校，要求校方做出解释。校方采取的态度是：你认为不合格，可以不吃，允许家长中午接孩子回家吃。但是一律不准自带午餐到学校，以杜绝学生之间的伙食攀比。可中午时间有多少家长可以接孩子回家吃饭啊！此举措，不是硬逼孩子继续吃用一次性塑料蒸煮出来的米饭吗？家长们强烈要求校方给个说法。

校方反应的态度很强硬，家长的态度也随之强硬。双方似乎到了无可妥协的地步。而事件的另外一方——餐饮公司的反应也是模棱两可，处于观望。

于是有家长将此事反映到新闻媒体，当地电视台做了追踪报道，在全体市民中又掀起轩然大波。失望的家长、广大市民都期待着餐饮公司、教育部门、卫生监督部门乃至校方做出满意的回应。其后，学校所在地区的相关部门联合举行了新闻发布会，试图化解危机。然而这场新闻发布会并没有很好地解答公众的诸多疑问，也不足以打消家长们的疑虑，公众对学校和政府部门的不信任感持续增加。

❀诊断分析❀

该事件虽然看起来是学校在面对质疑危机时采取回避态度，最后使得危机扩大，造成一定的负面影响。但其实最初的起点是在班级，班主任最先接触这个问题，却没有引起足够警觉，回应不积极，导致消息的传播面由班级扩散到全校，如果班主任一开始就能敏锐应对，帮助家长与学校之间进行沟通，并安抚家长情绪，事情不至于僵持、恶化。可见危机在源头如果未能预见，爆发后不能积极面对、恰当处理就会引发严重的后果。

❀案例警示❀

学校文化具有先天的被动性，缺少应对危机的自主意识以及正视危机

的勇气。面对危机事件,班级和学校往往是被动应付,采取被动性防御措施和退缩性行为,但回避绝对不应成为备选项,而是必须以开放与坦诚的姿态直面危机,积极应对。面对质疑,需要及时发表声明,做出解释,澄清真相,防止不实信息扩散。面对由于学校原因而引发的危机,要有接受舆论监督的勇气,认真整改,同时全面地评估分析暴露出来的问题,从危机中汲取教训,转危为机。

【理论课堂】

一、危机管理

危机管理是现代社会公共管理中的一个重要组成部分,反映出一种现代人的理性生活方式。本来它是企业管理中的一个专业术语,现在已被广泛应用于各行业管理当中了。

"危机管理"从广义上说,就是对危机事件发生前后所有事务的管理。在危机到来之前,尽量避免其出现;一旦发生危机,迅速采取措施,尽量减少损失;当危机结束后,迅速恢复正常工作、生活秩序,并进行反思总结。从制度层面来说,应建立完备的预警机制和快速反应机制。

二、班级危机管理

将现代西方企业管理中的重要理论——危机管理,运用到班级管理工作中,利于新形势下班级管理者应对班级危机提出应对策略和建议,以增强其危机意识,提升班主任的危机管理能力。

就小学班级危机管理而言,具体指的就是班主任在学校危机管理制度和计划的指导下,对学校及班级危机进行预防、处理、复原的策略应对过程。它以班主任为主要力量，在危机发生时起学校社工作用，支持整个学校危机管理系统正常运作。

班级危机管理是一种过程管理。它以保护学生的生命健康安全为第一要务，进而保障学校日常秩序的平衡稳定，保证学校正常可持续发展。

对于一场突发的班级危机一旦处理不当或不及时，班主任甚至校长可能会被撤职，学生可能会退学，学校声誉可能损毁。这些均说明一件事：危机管理在班级管理和学校发展中具有举足轻重的地位。

三、班级危机管理的现状

生命是可贵的。联合国教科文组织曾提出了极具震撼力的口号："学会生存。"在学校乃至班级层面提倡危机管理实质上是对生命的关注，是人文关怀，更是人文教育。但我们的学校领导和班主任们对危机管理的重要性认识还远远不够，总抱有侥幸心理，认为危机离自己还很远，往往只是做些表面文章，缺乏长效管理机制，在整个学校层面危机管理的现状都不容乐观，具体到班级层面就更不理想了。主要体现在三个方面：

（一）危机管理认识肤浅，危机意识淡薄

长久以来，我国的学校管理中一直坚持常规管理，管理者喜欢抱着侥幸的心理，以为危机离得很远，把危机看作一种非常态，是偶然出现的"倒霉事"，危机平息即意味着危机结束，多数校园危机应对还是停留在补救阶段，预防性的危机干预机制还远没有普及。很多学校仅仅为应付检查，每年象征性地组织一两次疏散演习就草草收场了，再靠班主任照本宣科、口头说教搞两次安全教育的主题班会，仅此而已，学生和

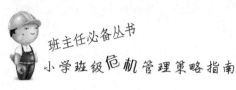

老师都没有更多的实践体验,危机防范和救护技能依然缺乏。试想如果学校领导不够重视,班主任们又怎会强调和落实呢?

(二)危机处理中缺乏人本意识

一旦危机发生,由于没有合理有效的应对机制和危机预案,不免导致班主任和校领导手忙脚乱,只能以主观经验和判断来决定权宜措施,不惜牺牲一切代价来应对,忽略学生和公众的正当权利维护。危机事件处理不好,势必会对学校的声誉和形象有一定的影响,由于观念和体制的原因,领导者总喜欢采取一切手段来隐瞒事实真相、息事宁人、草率了事,缺少对学生、家长及社会公众的负责态度,认为家丑不可外扬,不希望被"外人"介入,知道的人越少越好,介入的人也越少越好。正常传播渠道不能提供足够的信息,小道消息的传播就会增多,结果导致危机事件扩大化,后果更严重。

(三)危机管理体系不完善,缺乏完备的战略规划

危机事件应有三个阶段:危机事件爆发前、危机事件爆发时和危机事件爆发后。相应的学校危机管理机制也应包括爆发前的危机预防机制、爆发时的危机应对机制和爆发后的恢复机制。可是目前学校普遍忽视对危机的预防和危机爆发后的经验总结和对学校管理工作的改进。对危机的处理也往往是从经验出发或者应用类似事件的处理方案,并没有完备的预警方案,更缺少整体上的危机战略规划。美国教育部在2003年就发布了《危机计划的实用资料:学校与社区指南》,为各类各级学校制定了危机管理的政策指南。我国尚缺乏危机战略管理。在宏观战略层面,没有将危机管理纳入经济和社会发展计划;在微观学校管理层面,没有完备的危机管理预警方案,没有危机

管理的财政预算和物质储备，班级管理层面就更被忽视了。危机一旦来到，危机决策能力弱化，不能有效地整合各种资源，往往造成大的浪费和损失。

班级是学校的基本单位，建立起反应迅速、调控灵活的班级危机管理体系是增强学校危机管理能力的关键所在，对于一些较容易定性的主要灾难事件，如地震、火灾、大规模食物中毒、爆炸、恐吓、室外活动中的意外伤害等，在完善学校危机管理预案的同时建立具体的班级预案是当务之急。

【应对指南】

班级层面的危机管理同样是一种有组织、有计划的管理活动，班主任进行班级危机管理包括危机的预防、应对和总结三个阶段。

一、危机爆发前——预防危机

为应对可能出现的危机，班主任应建立班级危机预警机制，做好危机的事前预防，并纳入班级日常管理中。

（一）增强师生危机意识，加强危机教育

班级管理者危机意识的强弱关系着学生对学校潜在危机的敏感程度和对危机的反应能力。事实证明，很多的危机事故正是由于管理者危机意识的淡薄才引发的。因此班主任要以身作则，不断提高自己的危机意识，善于从日常生活的各个角度感知和发现潜在的校园危机，坚决杜绝一切不安全的因素。此外，还应加强对学生的危机教育，将危机教育融入学生的日常生活中，提高学生对危机的认识水平，加强他们对校园危机的敏感程度和反应速度。只有师生都树立了正确的危机意识，

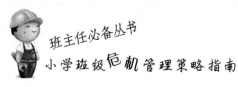
才能更好地防患于未然，从而减少危机事件的发生。

（二）建立行之有效的危机应急预案，提高处理危机事件的能力

在我们的日常生活中，许多的校园危机事件一般是在我们意料不到或者是不可抗拒的情况下发生的，因此要更好地处理和解决危机，首先应建立行之有效的危机应急预案，为危机应变或处理提供操作程序，以至在面对危机时不会手足无措、慌乱应对。就班级的危机应急预案来讲，内容应该包括：

（1）成立班级危机管理小组。危机管理小组的成员应具有一定的号召力，具备一些处理危机的知识和技能，以及良好的心理素质。一般包括班主任、班长、班委、小组长等，小组成员都应该有自己相应的责任和义务，各司其职，根据班级危机管理计划对突发的危机事件采取相应的措施。

（2）拟定班级危机管理计划。该计划应由危机管理小组来制订，并采纳多方建议，包括学校领导、总务处等相关人员、其他教师，全班学生及家长、社会人员等。目的要明确，核心应是以人为本，最大限度地保障全班学生的安全。另外，危机管理计划要有清晰的程序，对每一个细节都要考虑周到。同时要书面化不能停留在口头。

（3）组织模拟演习，丰富危机教育和训练的内容。模拟演习不仅能提高教师的危机处理技能，而且能提高学生的应对技能。同时也要重视师生心理的训练，因为当危机真正发生时学生和老师会处于紧张无措的状态，会影响他们做出正确的决策。

二、危机爆发时—积极应对

危机爆发时，危机应对小组要立即启动应急预案，合理有效地处

理危机。首先，要听从统一领导和分配，各司其职，通力合作。其次，要迅速控制危机。把握危机处理的黄金时间，在最短的时间里控制住危机，将危机的伤害减少到最低。第三，处理好与外界沟通的关系。危机发生时，班主任按照预案做好果断处理的同时，要迅速上报学校，并及时做好家长的安慰工作，争取家长的谅解与支持。最后，要调查危机。在危机得到控制之后，班主任要立即对危机发生的范围、引起危机的原因和所造成的后果进行全面调查，汇报学校，以便做进一步处理。

三、危机爆发后——及时反思

危机事件处理结束后，为避免类似事件的再次重演，班主任还应对其进行总结和反思，对危机事件发生的全过程进行总结，将其有价值的相关资料和经验教训加以整理建档，并修改完善危机应对预案和相关机制。同时，对全班学生开展组织学习活动，吸取其中的经验教训，并开展危机教育，使这些经验教训内化为学生的知识资本，提高教师和学生个体预防和应对危机的能力，增长应对智慧。

应对处理危机事件的责任重于泰山，在应对班级危机时，班主任不仅要高瞻远瞩，而且最重要的是要做好预防工作，将危机扼杀于摇篮之中，即使危机发生，由于有了一定的准备，我们也能迅速灵活地应对。

❈安全小贴士❈

班级中不但要有一整套完善的危机应对预案和机制，还要进行日常的训练。学校应定期检查预防措施和查堵漏洞，实施全校性的防灾训练演

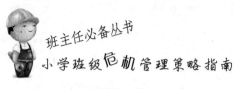

习，并可根据学校特点采取更加安全的防护措施等。

❋拓展视窗❋

海恩法则

飞机涡轮发动机的发明者、德国人帕布斯·海恩提出了一个关于飞行安全的海恩法则，具体内容是：每一起严重的飞行事故的背后，必然有29起轻微事故和300起未遂先兆以及1000起事故隐患。海恩法则的实质是强调人的素质和责任心。例如：在检查飞机发动机的涡轮扇叶时，有的机械师走马观花，有的机械师却看出了扇叶上的一个细小的裂纹；不同的责任心，结果可能天壤之别，前者很可能是酿成惨祸的原因，后者则成为飞机安全飞行的保证。海恩法则也适用于班级危机管理的预防工作。

❋管理感悟❋

凡事预则立，不预则废。"心中有盘棋，手中有杆秤"，才能遇变不惊，处之泰然。

第三节 小学班主任：处在危机管理前沿

【本节导读】

班级突发事件看似偶然，实则有其发生的必然性。班级工作中总会不可避免地或多或少地发生突发事件，小学班主任是班级的主要管理者，处理危机是他们义不容辞的责任。然而，当前一些班主任缺乏危机意识，缺乏应对预案和能力，遇到突发事件仅凭经验处理，这在小事上尚可应对，可一旦发生严重的危机事件，便可能造成严重后果，甚至影响学生的一生乃至生命。因此，班主任应树立"危机意识"，建立健全班级"危机管理"机制，在班级面临突发事件时，及时采取有效措施，尽量减轻或避免危机事件给班级带来负面影响，切实保证学生的生命安全和切身利益，维护正常的教育教学秩序。正如著名咨询顾问史蒂文·芬克（Stevell·Fink）指出，管理者都应当像认识到死亡和纳税难以避免一样，必须为危机做好计划：知道自己准备好之后的力量，才能与命运周旋。

案例1：

记得我刚参加工作的时候，由于农村小学师资匮乏，学校领导安排我担任六年级一班的班主任。对于刚走出校园的我受宠若惊，欣喜万分，满腔热情地投入到工作中去。谁知刚上任我就碰到了一次较为严重的突发事件。起因是我班与六二班进行了一场拔河比赛，但对于结果，双方学生都不服气，并从对比赛结果的不满发展到两个班级中大部分学生之间的对立，甚至到了在公开场合都针锋相对的地步。后在我和另外一位老师的及时了解和制止下，事态得以平息，未产生严重的后果。但我仅仅是对这件事进行了简单的了解，对两个班级的学生进行了严厉的批评和粗暴的压制。虽然事情也得到了解决，但影响了学生的情绪和情感，导致了大部分同学对老师的疏远，为今后的班级管理增加了难度。

❖诊断分析❖

其实这件事完全可以有更好的处理方式，比如对学生的思想和情绪进

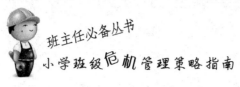

行适当的引导;对学生分情况区别教育,让他们正确认识问题;可以以这件事的起因为契机,进行爱班教育,将学生的注意力转移到爱护班级荣誉和维护班级团结上来,并教会他们正确处理这类事件等。但由于新老师经验不足和些许冲动,未从学生的立场出发,未从全局出发,未从细节出发,导致处理结果不甚理想。

案例2:

下午第二节上课铃响过后,班主任张老师进入3年(3)班上课,在正常的教学活动中发现第四排的学生刘某脸色发白,神情痛苦,便走上前去细心询问,原来,刘某中午感觉肚子稍微有些痛,以为是吃了什么东西不舒服,没太在意,现在却越来越痛,已很难忍受了。张老师马上安排好其他学生继续上课的内容,立即同两名学生一道帮助刘某先去医务室,并把情况报告给政教处,经校医务室初步检查后发现情况不明,该学生依然痛得十分厉害,便马上联系离校较近的医院,同时班主任联系了学生家长,并将学生及时送到医院治疗。经医院全面检查确诊为急性阑尾炎。医生说幸好送医院及时,为治疗赢得了宝贵时间。

❈诊断分析❈

小学生在心理上及自我保护的能力上都有所欠缺,一旦出现身体上的不适或心理上不快,他们只会向父母亲求救,进入学校后,他们需要独立面对学习生活中的各种突发事件,可此时他们的父母却又不在身边,所以一旦出现特殊情况就会显得手足无措,于是原本可以轻松解决的小问题就会变成大问题,原本可以及时处理的问题成为了隐患危险的棘手问题。这个案例中的事件在班级日常教育教学过程中随时都有可能发生,怎样将这类可能危险性很大的棘手事件处理得当，这就要求我们管理措施到位，反应迅速，信息通畅，处理及时合理。

❖案例警示❖

危机事件虽然具有突然性，但许多还是有其内在原因的，有其心理的因素及空间和时间的背景。作为一位班主任，肩负着班级教育与管理的重任，是班集体的组织者、教育者和指导者，是学校领导实施教育计划的得力助手，在学校危机管理中起着举足轻重的作用，应时刻认识到自己的责任与事件处理将会带来的影响。案例2中学生刘某并没有把身体不适及时告诉老师，导致下午紧急救治，幸好没有发生严重情况，但假如是火灾等其他恶性事件，我们是否也能这样幸运？所以学校和班级想要给学生一个安全的学习生活环境，就必须教给他们自我保护、救治的知识。除了平时进行的交通、饮食、生活安全及防电和自然灾害等安全教育外，还应抓住一切有利途径进行深入的教育，通过不同形式、多种渠道学习演练，使每一位学生都在脑海中形成相关知识点，从而实现正确指导他们行动的目的。

【理论课堂】

处理危机是一项棘手的工作，我们无法拒绝危机的存在，但是危机不见得就是坏事，只要善用它，也会是一个很好的学习与教育的机会，随着人们对学校危机的关注度与日俱增，班主任在危机管理中的重要作用也日益凸显。

一、提升小学班主任危机管理智能的必要性

学生每天学习、生活的主要场所是班级，学校危机中有很多都是发生于各班级的，如果在班级层面都能较好地预防危机，在源头阻断危机

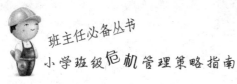
的发生和扩散,那么也就不会引发更大的学校危机了。由此就需要作为各班管理者的班主任具备高度的危机意识、警觉性以及明确而果敢的决断力,方能化险为夷,否则不仅不能处理危机,反而会将危机扩大。

小学班主任们整日面对的是认知水平、心理成熟度都比较低的小学生们,他们由于对危机的预知能力差,自我保护和自救的能力缺乏,容易制造危机,也常会在面临危机时受惊无助,因此,更需要班主任们的保护和帮助,当然这也是为师者义不容辞的责任。

既然危机管理智能是需要的,那么我们的班主任们是否已经具备了呢?答案恐怕是不乐观的,绝大多数老师们在其接受教师教育的过程中很少接触相关方面智能学习与训练,一般都是凭借临时抱佛脚的自学积累一些知识,至于必要的技能如:急救等,则无能为力了。可是一旦发生严重的班级危机事件,班主任往往是第一线的直接应对者,其第一时间的反应非常重要。所以,要大幅度提升班主任对危机事件的认识能力和处置危机事件的能力,防止"无知、无能、无为"的负面影响。

二、小学班主任在班级危机管理中的作用

面对种种班级危机事件,要特别注重班主任在防范和应对危机事件中的作用。具体而言,班主任应该在不同阶段分别扮演好以下几种角色:

1."摄像头"和"预防针"

班主任与学生相处的时间最长,和学生接触最密切,对学生的情况也最为了解,所以,班主任应该在预防班级危机事件中扮演"摄像头"和"预防针"的角色。所谓"摄像头",就是多接触、多了解学生,密切关注学生的动态，像摄像头一样，捕捉学生动态信息；所谓"预防针"，就是在学生的日常教育管理中应注重教育学生树立正确的世界观、人生观和价值观，正确处理学习、生活中遇到的种种问题，引导他们正确认识生命的价值，懂得珍惜生命、珍爱生活，正确对待挫折和压力，树立社会责任感和家庭责任感，不断提高其心理素质和抗挫折能力。班主任要制订并完善科学合理的学生管理制度，经常给学生打预防针并建立危机事件应急处理系统，制订多种应急方案。

2."镇定剂"和"纽带"

班级危机事件防不胜防，对事件的发生不要回避，一旦发生，班主任应尽快发挥其"镇定剂"作用，即班主任要在危机事件发生后迅速赶到事件现场，全面了解事情的各种情况，为妥善处理事件赢得时间。班主任是学校中最了解、最熟悉学生的人，可以结合平时所掌握的信息从蛛丝马迹中判断出学生某种行为的原因。同时由于班主任平时同学生接触较多，容易得到学生的信任，所以班主任要充分运用自己的威信力，及时汇报，争取主动，坚守岗位，履行职责，使慌乱中的学生镇定下来。同时，在重大危机事件处理过程中，班主任应像纽带一样，维系并妥善处理好上下左右的关系，比如，妥善处理好自己与学校领导的关系，妥善处理好自己和各部门之间的关系，妥善处理好自己与外界的关系等。

3."润滑剂"和"创可贴"

伴随着危机事件处理工作的深入和危机事件走向尾声，危机事件的善后处理工作的重要性就显现出来。危机事件总是给学校、班级和学生带来有形和无形的损伤与危害。只有把危机事件的善后处理工作

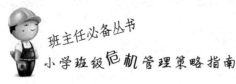
做好，才可以把危机事件可能造成的损害程度降到最低。所以，危机事件善后处理是危机事件处理中不容忽视的一个重要环节，班主任在这个过程中应该起"润滑剂"和"创可贴"的作用，通过心理干预和有益的班级活动，抚平学生心灵的创伤，使班级重新恢复生机。

引发危机的原因是多方面的，作为站在危机管理前沿的小学班主任，应时刻树立危机意识，建立系统的危机预警应急机制。减少危机发生几率，为小学生营造良好的学习氛围和成长环境。

【应对指南】

为了使自己成为具备危机管理智能的合格班主任，需要在多方面下功夫：

一、对学生负责，树立危机意识

作为一名班主任，必须要有高度的责任心，班主任接班后应建立学生档案，对学生的家庭状况、个性特征、心理状态有基本的了解。学生出现心理波动，往往会表现在言行上。教师要善于观察学生，并采取多种方式加强与学生的沟通，如建立师生沟通信箱、QQ、电子邮箱等，一旦发现学生出现反常行为，应及时了解情况，迅速采取措施。为此，班主任应该与科任教师、生活老师建立教师共同体，发现学生有异常现象，应及时相告。总之，对于班级中发生的每一件事，无论大小，都要做到心知肚明，心里有数，在一个平时稳定、管理严格、师生和谐的班级里，很少发生打架、师生冲突、家长闹事等严重事件。学生发生心理问题和人际交往问题的几率也少得多，如果所有教师能树立危机意识，对学生负责，就一定能够大大降低危机事件的发生率，甚至避免危机事件的发生,最大限度地减少可能出现的意外和损失。

二、储备必要的知识,及时发现危机预兆

除了具备教育专业素养外,班主任还应具备以下知识:首先要做学生的"身体保健师"。在流行疾病易发季节,及时消毒、通风,告诉学生注意事项。掌握一些常见流行病的症状,及时发现,及时就医,并配备班级小药箱。其次,要做学生的"心灵按摩师"。通过组织班级活动,对学生普遍存在的心理问题进行疏导,如考试心理焦虑等;根据学生个人心理问题提供疏导方案,避免因心理问题诱发危机事件。

三、定期组织模拟演练,提升危机应对技能

危机应对演练应该经常化开展,也可以结合季节特点进行,在夏季重点组织对暴风雨、雷电等灾害的防范演练,在冬季重点组织防火灾和逃生演练,班主任平时可每月一次,每次一个主题,通过日积月累的渗透,让师生都掌握必要的应急知识和技能。包括水灾、火灾、地震、海啸、滑坡、泥石流等自然灾害中的逃生或自救方法;交通事故、煤气泄漏、溺水、食物中毒、外伤出血、内外科急症的急救知识和技能;并且掌握应急求助渠道及政府设立的常用应急电话。应急知识必不可少,但应急技能更为重要,纸上谈兵终是浅,亲身操作方为真。在演练中,还应特别重视危急时刻的心理训练。突发事件在很大程度上是对一个人应急心理的考验。只有具备良好的心理素质、应急知识和技能,才会发挥有效的作用。

❖安全小贴士❖

教师在处理危机时,须掌握的原则:

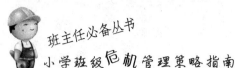

1.冷静沉着。

2.掌握状况,判断危机因素。

3.寻找解决方案,并寻求协助途径:例如学校领导、心理辅导教师、警察等。

❖拓展视窗❖

"扁鹊法则"

扁鹊治病的故事是这样描述的:魏文王问扁鹊:"你们家兄弟三人,哪一位医术最高明?"扁鹊回答说:"长兄最佳,仲兄其次,我最差。"魏文王接着问:"为什么?你能说得明白一些吗?"扁鹊回答说:"我长兄治病,是在病症还没有表现出来的时候,就把病治好了,所以他的医术只有我们家人才知道,他的名气根本传不出去。我仲兄治病,是在病情初起时,就把病人治好了,一般人以为病人得的只是小病,所以他的名气也不大,只有本地人才知道他。我扁鹊治病,是在病情严重后才治,别人看到我割肉切骨,动作颇大,就以为我医术很高明,我也因此而闻名天下。其时,比起我长兄与仲兄,我的医术是最差的。""扁鹊法则"告诉我们,上医治未病,中医治已病,下医治大病。管理之道在于防。班级管理应采用"长兄治病"那样的预防管理方式。因此,预防突发事件应当成为班级常规性的管理内容,也是班级管理以不变应万变的策略之一。它要求班主任要有强烈的工作责任感,有很强的分析和组织能力,要积极采取预防性措施,加强管理,要善于抓住关键问题,使事故消弭于无形,从而获得最佳的班级管理效果。应对突发性事件,要求班主任要像"扁鹊治病"那样,慎谋善断,沉着冷静,临危不惧,果断指挥和处置,迅速控制事态,争取变被动为主动,变不利为有利，努力使损失和影响降低到最低程度。

❖管理感悟❖

面临危机时，需要管理者具有冷静的心理素质，能够随时找到平衡，从而冷静地判断，沉着应对，让危机管理能在第一时间成功实施。

第一章 小学班级的危机与危机管理

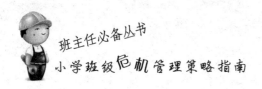

第二章 突发性学生身体伤害事件的管理策略

☆ **本章导读** ☆

小学生低龄弱小，身心正处于发育阶段，健康防护和应急保护意识相对薄弱。急性传染病、游戏意外、大型活动伤害事故、学生自伤或死亡等身体伤害性突发事件时有发生，如何在事件发生前做好预防，发生时做好应对，发生后做好善后处理是我们这一章将要探讨的问题。

第一节 传染病来袭

【本节导读】

学生是一个聚集性、易感性的特殊社会群体，相互接触机会多，容易造成疾病的传播和流行，学校中突发的公共卫生事件，不仅损害学生的身体健康，而且干扰学校正常的教学秩序，造成不良的社会影响。科学预防、及时阻断传染源、建立有效的防控体系是班级应对传染病来袭的必要之举。

案例1：

某小学四年(4)班发生首例流行性腮腺炎病例，经医院诊断为流行性腮腺炎，传染来源不明，发病后请病假，班主任让其及时隔离，并将病例上报学校。随后该校又陆续发生病例共21例，罹患率1.08%。病例集中分布在四、五年级，均与四年(4)班共用楼梯、卫生间。四年级发病最多(19例)，其中四年(4)班占31.71%。出现疫情后，各班加强晨检，发现发热、腮腺肿痛等可疑症状者及时送医。建立疫情动态报告制度。教室及公共场所加强开窗通风、空气消毒。暂停大型集体性活动，加强呼吸道传染病的健康宣教。病例全部准病假回家隔离，隔离期为13~27天不等，病愈后持医生开具的康复证明方可复课。每天由班主任统计班级缺课人数，追踪缺课原因，报该校卫生老师，且每日报告疫情动态，包括新发病情况及返校情况。大约半个月后，全校的疫情得到控制，随着病愈学生陆续返校，各班秩序恢复稳定。

❋诊断分析❋

突发疫情及时、有效地控制至关重要，传染病来势凶猛，扩散速度快，一经发现，必须尽早隔离，并积极上报，便于学校采取更有力的防治措施。班级中为应对突发传染病所采取的一系列举措是非常必要的、有效的。

案例2：

2006年10月14日至12月26日期间，湖南省保靖县清水坪学校33名学

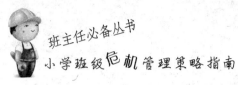
生、广西壮族自治区凌云县玉洪乡八里村小学61名学生、贵州省桃县妙隘乡寨石完小学28名学生、江西省鄱阳县油墩街镇北源小学11名学生相继感染甲型病毒性肝炎；2006年11月16日，内蒙古自治区锡林勒盟太仆寺旗第一小学24名学生患猩红热。国务院对此高度重视，专门做出了重要批示，特对上述事件进行通报。

❈案例警示❈

上述事件的发生，给学生的身心健康和学校正常教学秩序造成了严重影响，也暴露出学校对传染病预防与控制等卫生安全工作重视不够，缺乏应有的防范意识，学校卫生防疫措施不到位。学校应高度重视学校传染病防控工作，将此项工作作为构建和谐校园的重要内容，纳入学校常规管理工作中，常抓不懈。要建立健全学校传染病防控机制，层层落实工作责任，确保学校传染病防控工作抓实、抓到位，有效地遏制学校传染病流行事件，确保学生身心健康。

【理论课堂】

近年来，学校传染病暴发、流行越来越引起全社会的关注。学校是人群集中、相对封闭的特殊场所。师生相互接触机会多，一旦有人感染上某种传染病，很容易造成传播。如果不及时采取措施进行防控，可能导致全班或全校性的疫情暴发。因此，传染病防控是保证班级正常秩序、校园稳定运行的前提条件。小学生身体正处于发育阶段，健康保护意识相对薄弱。因此，切实加强传染病防控，将传染病的危害降到最低，是保证学生身心健康发展的基础。传染病防控应列为班级和学校日常工作的重点，防患于未然，树立早预防、早发现、早报告、早隔离的防控意识, 形成健全有效的防控体系。

一、班主任在传染病防控中的作用

1. 监控作用。在学校, 班主任与学生接触最密切, 便于负责对传染病进行早期监控, 随时收集防控信息, 一旦发现传染病情要第一时间逐级上报, 早报告是防止疫情传播的关键措施之一。同时班主任应加强对传染病的认识, 提高其防控意识, 班主任是班级防控工作的核心, 发挥着重要作用。

2. 宣传作用。传染病防控工作重点在于防患于未然, 为了提高学生及家长对各类传染病的认识和了解, 班主任可整理传染病防控的相关常识, 将季节性传染病和突发的重大传染病的常识、传播途径、预防方法及注意事项等利用板报、网络及手机短信等方式大力宣传, 使他们对传染病防控知识有深入的了解, 避免问题发生时的忙乱。同时, 向学生及家长第一时间告知学校预防传染病的工作及防控措施, 使家长了解学校的防控工作, 达到团结一致, 共同抵制传染病的目的。

3. 组织实施作用。传染病流行之际, 班主任应坚持对学生每日晨午检, 对出现病状的学生要迅速隔离, 及时送医务室诊治, 特殊病例及时通知家长送至医院就医。做好晨午检记录和学生因病缺勤的病因追查记录, 对因病请假在家的学生要通过电话等方式询问病情进展。传染病发生期间, 注意教室内的开窗通风, 组织学生对教室勤消毒, 每周至少使用过氧乙酸熏蒸气消毒2~3次, 出现疫情的班级要保证每天一次, 随时使用含氯制剂对门、墙面、地面、黑板、窗户、桌椅等学生可触摸的物体表面进行擦拭消毒。

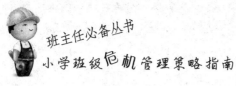

二、传染病防控中易出现的问题

1. 防控宣传不力，师生缺乏相关知识。对传染病的认识和防控知识的宣传不应走形式，多掌握一些具有实效性的方法应对传染病利己利人。学生群体分布集中，组织性强，受教育水平相对平衡，可接受的知识层次基本一致，对于开展大规模的宣传教育十分有利。那么使用的方法是否有效决定着宣传深入人心的程度，通常浅显易懂、易于操作又有实效的方法往往更能被记住被应用，关键时刻起到指导、防护作用。

2. 小学入学查验接种证制度未能严格执行。小学生入学时检查疫苗接种情况应是必经程序，但对于存在缺漏情况的学生学校管理不严格，卫生防疫部门缺少必要的监管措施。导致一些计划内免疫疾病依然出现。因此，要严格按国家规定的计划免疫程序对入学新生的预防接种证进行查验，对转入学生要进行重点查验，使学校形成有效的免疫屏障，降低传染病爆发流行的可能。

3. 责任疫情报告人及时报病的意识有待加强。当班级中出现一些常见病的传染病例，很多班主任觉得没那么严重，没必要报告，最终导致扩散范围骤增。因此，每逢传染病高发时节，班主任要随时提高警惕，做到早发现、早报告、早隔离、早治疗。及时上报病例是防止疫情传播扩散的关键。

4. 晨午检应进一步严格、仔细。在传染病疫情发生之后，密切接触者的医学观察非常重要。每日晨午检是及时发现早期病例的有效措施。晨午检不等于缺课人数统计，还有一个询问和简单有针对性地体检过程，应专人负责，严格仔细，主动、尽早发现可疑病例，及时隔离，不能流于形式。

对统计出缺课的学生及时调查原因。

5. 教室开窗通风不到位，消毒不到位。开窗通风兼具效果好和成本低的优点，是预防呼吸道传染病的首选方法，特别是上课教室等不宜采用化学消毒剂消毒，更应该加强开窗通风。而学校的消毒设施不健全，缺少消毒机器也是问题所在。适当引进几台具有消毒作用的机器设备，在传染病高发期派上用场，其消毒效果相对明显，将大大缓解燃眉之急。

6. 传染病隔离制度执行不规范。学校采取以控制传染源、切断传播途径为主的综合防控措施来防止或减缓疫情扩散。原则上要求患病的学生停课，停课的范围应根据疫情波及的范围和发展趋势，由小到大。但是很多学校在卫生部门提出控制措施的建议后，校方在执行过程当中打折扣，部分消毒、隔离措施未按要求落实。一方面迫于学生家长的压力，家长不愿意学生落课太多。另一方面校方也是存在侥幸心理，认为不严格落实某些措施不会导致疫情扩散。由此在传染病高发季节，常出现整班染病的情况，而学生带病坚持上课也被认为是值得表扬的行为。

7. 无医生证明随意复课。患传染病病愈后何时可以上学，这也是有规定的。生病三天以上复课的学生，需持区级以上医院出示的原始病历及恢复病历，由校医复查合格后，开具《上课通知单》，持此凭证班主任才可允许其进班上课。对此规定，我们的老师、家长和学生恐怕都缺少了解，根据学生自己意愿随意复课，万一未根治，病症复发，带来新一轮传染，那么前一阶段的班级防控工作将前功尽弃。

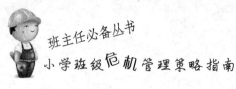

【应对指南】

班级预防与控制传染病应急预案

一、班级预防与控制传染病应急指挥领导小组

成员：班主任（第一责任人）、班长、生活委员、各小组长。

二、预防与控制传染病的预防措施

1. 班级学生一旦出现禽流感、风疹、流脑、麻疹、流感等传染性疾病，应及时就医并向班主任请假，不得带病上学。经医院诊断排除传染病后才能回校上课；

2. 学生在班内出现传染病，及时组建处理病情的领导小组，立即上报学校。要求传染病者立即戴防护口罩、手套，到学校隔离室休息，并由学校安全管理人员或卫生保健老师立即通知传染病医院，需转医院治疗的立即转传染病医院。班主任立即通知学生家长，由家长陪同去医院，家长不能到校的，由班主任老师护送去医院（护送人员都要穿好防护服、戴口罩、手套）。

3. 对班级教室或传染病学生所涉及的公共场所进行消毒，对与传染病人密切接触的学生、教职工进行隔离观察。防止疫情扩散，迅速切断感染源。

4. 传染病人在医院接受治疗时，禁止任何同学前往探望。

5. 如传染病烈性感染，由学校请示上级有关部门，决定是否实行全校停课，并采取一切有效措施，迅速控制传染源，切断传染途径，保护易感人群。具体做到：①封锁疫点。立即封锁患者所在班级，暂停班内一切活动。停止班内人员与外界往来，等待卫生部门和上级主管部门的处理意见。②疫点消毒。对班级和学校所有场所进行彻底消毒，消毒结束后进行通风换气。③疫情调查。密切配合疾控中心进行流行病学调查，对传染病人到过的场所、接触过的人员，以及患者的家庭成员、同学进行随访，并采取必要的隔离观察措施。

6. 发现传染病人后，迅速向全班学生及家长公布感染源病情及已采取的防护措施，使其了解情况，安定人心，维护秩序稳定，树立战胜传染病的信念。

※安全小贴士※

发热是不少传染病的一个重要症状，特别是对于呼吸道传染病来说是一个简易、敏感的监测指标，通过对学生发热的监测，可以及早发现传染病病人；而迅速、有效的隔离又是管理传染源、控制传染病的一个重要手段，这对于控制传染病在学生中的传播、流行意义重大。

流感是最常见的由流行性感冒病毒引起的急性呼吸道传染病，主要靠飞沫传播，其传播性和流行性均很强。

学生的流感症状和大人相似，起病急骤，发病时先发冷、寒战，继发高热。突出的特点是全身症状明显，如先是全身不适、头疼、背疼、四肢酸疼、腰疼、头昏、眼球后疼；继而出现咽疼、干咳、流清鼻涕、打喷嚏、眼结膜充血、流泪。有难受的干咳或伴少量黏痰；胸骨后有烧灼紧压感或疼痛；下肢小腿部肌肉酸疼；体温可高达39℃~40℃。这些症状多数在1~2天内达到高峰，并经3~5天体温降至正常，各种症状消失。但恢复期全身软弱、出汗、乏力，可持续1~2周。

如果班上有学生患上了流感，班主任应劝其回家休养，以避免传染别

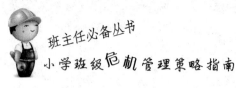

人，同时教育其他学生：

（1）和感冒患者保持一定距离，因为患者咳嗽、打喷嚏时，那些带病毒的飞沫可以溅得很远。

（2）常洗手。感冒病毒可以在患者手摸过的地方存活3个小时，所以应该常洗手。

（3）不要频繁揉鼻子。揉鼻子容易把手上的病毒带到鼻子和眼睛处，引起传染。

（4）大量喝水。大量的水可以将病毒从身上"冲走"，并防止脱水症的发生，而脱水症则是感冒的并发症之一。

（5）积极运动。每天进行30~45分钟的有氧锻炼，如散步、骑车等，都可以极大地增强抵御感冒的能力，避免患上呼吸道传染病。

（6）多吃含维生素E和C的食品。维生素在人的免疫系统中占有重要的地位，维生素C则有减轻感冒症状及程度的作用。

（7）多休息。因为充足的睡眠可以恢复身体的免疫力，提高人的抗感冒能力。

（8）感冒患者应注意在咳嗽和打喷嚏时用手捂住口鼻，这样病菌就不会跑得很远，去危害他人。

（9）经常开窗通风，保持室内空气新鲜。

❖拓展视窗❖

传染病的种类很多，日本的学校对常见传染病进行了详细的分类，根据传染的严重程度分别规定了适当的管理措施。

1.学生一旦得了下列传染病必须向学校汇报，立即休学，采取隔离措施。治愈后有医生的康复证明方可返校复课，包括：

咽头结膜热（游泳池热）、流行感冒、埃博拉出血热、流行性腮腺炎、小儿麻痹、脊髓灰质炎、急性出血性结膜炎、克里米亚—刚果出血热、结核、霍乱、细菌性痢疾、白喉、水痘、肠道出血性大肠菌感染性疾病、伤寒、副伤寒、百日咳、风疹、鼠疫、马尔堡病、麻疹、拉沙热、流行性角结膜炎。

2. 患下列疾病，需要遵医嘱治疗，不用休学隔离治疗，包括：

溶血性链锁球菌感染症、病毒性肝炎、甲型肝炎、乙型肝炎、手足口病、传染性红斑（苹果病）、支原体感染、感染性胃肠炎。

3. 以下传染病传染性较弱，可以正常学习，同时进行治疗。包括：传染性软疣、脓包病、黄水疮，脓痂疹。

4. 此外，社会性突发传染病，如：非典等，也会根据具体情况采取相应的管理措施。

❖管理感悟❖

传染病传播就像多米诺骨牌，一旦爆发，难以遏制，所以要及时隔开即将倾倒的第一张多米诺骨牌，才能挽救整体局势。

身体健康是投入学习的前提，千万不要以贻误治疗来换取少许的学习时间，得不偿失。

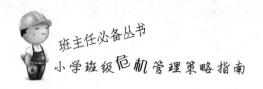

第二节　课间游戏中的意外

【本节导读】

爱玩游戏是孩子们的天性，自从游戏进入校园的那一天起，我们的课余生活就发生了翻天覆地的变化，活跃起来了，热闹起来了。课余时间，低、中年级的小朋友们，在教师的指导下玩集体游戏，如：开火车、丢手绢、黄河与长江、老鹰抓小鸡……；高年级稍大一点的学生，玩自己喜欢的游戏，如"攻城、斗鸡、跳房子、海陆空……整个校园人头攒动，到处是欢笑声。师生关系融洽，没有长幼的沟壑。大家一起玩，一起乐，校园成了欢乐的海洋。然而在喧闹欢笑的同时，由于学生自发危险游戏的存在，以及教师对学生的注意与保护力度相对较弱，因而也成为学生发生意外伤害事故的高发时段。如何预防危险的发生，及时恰当地处理意外事件是班主任都很关注的问题。

案例1：

一个雨后的课间，我正在一楼的门厅护导，忽然看到几个学生神色慌张地跑来向我汇报：小周摔倒了，满脸是血。第一时间里，我和卫生老师急急忙忙将小周送往医院，待医生检查后，小周的伤口被缝了十余针。

安顿好了小周，我便开始调查事情的经过。原来，小周在课间和几个男生在教室里追逐，小周在前面逃的时候，由于课桌之间的间隙很窄，再加上雨天地面被踩得湿滑,他在转角时重心不稳,摔倒了,眉毛正巧撞在桌角。唉!班里这几个精力旺盛的男孩总是让人担心。尽管我几乎每节下课都到教室里"监督",但有时仍不能避免流血、打闹、摔伤等事故。学生的游戏内容男孩无非是"警察抓强盗"、"敌我攻坚战",女孩则几个一组围拢在一起"办家家",或是漫无目的地在教室、走廊里游来逛去,要不就当男孩们的观众。事故往往发生在老师刚离开时,因为没有了"监督",他们会感到一下子放松了,胆子就会更大,动作幅度也就更大,意外就发生了。

追逐,是男孩们最喜爱的游戏形式,也是最容易发生伤害事故的课间活动。在事故发生之后,我调查了事情的起因,对参与追逐的学生进行教育,并与家长沟通,家校共同督促学生。为了解决课间隐患,我给他们想了个办法:带些喜欢的课外书来,在课间阅读。刚开始时效果很好,但负面效应接踵而来:课堂上居然也出现了偷看书的身影;自修课上该完成的作业都完不成。于是,带课外书来也被我叫停了。

有一天,班上一位学生的一句话给了我启发:"老师,我们可以借体育器具室里的器材活动吗?"对啊!虽然学校里的器材平时不能外借,但是我可以让学生带器材来活动啊!提议一提出,大伙儿极力赞成。逢天气晴好时,我和学生一起到操场上,与女孩子跳橡皮筋,与男孩子开展跳绳比赛。小陈和小王是班里的运动健将,就让他们带领另一些男孩在操场上跑步健身。除了增强体质的运动外,我还引导学生把活动的阵地从操场转移到教室里,开展形式多样的室内益智活动:这里两个相对着在下围棋,那里四个一组在比赛"飞行棋"……有一次,我逐一到各组巡视:小邱和小叶正在全神贯注地下象棋,周围站满了围观者,有的在为小邱出谋划策,有的在为小叶的一步败棋而叹息,更多的是静静地站着凝视着棋盘;而小蒋和小李正在

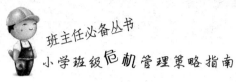

玩"挑游戏棒",看着她俩屏气凝神的样子还真不好意思打扰她们;小黄正在为红方小陈和黑方小施当裁判,原来他们正在下军棋,看着小黄认真的样子,还真像个赛场上的裁判呢!

要让这和谐有序的场面良性地持续下去,教师必须融入到孩子们中间,教他们如何游戏,和他们一起感受活动的快乐。在一次班会课上,我笑着对学生们说:"看到大家在课间玩得这么带劲,老师很开心。健康安全的活动不仅可以放松、愉悦我们的心情,更可以开发我们的智力,提高我们的应变能力和逻辑水平。今天,老师也想教大家一个牌类游戏——24点。"说着,我拿出准备好的牌,开始教大家如何计算24点。个别已会算的学生争着要跟我示范游戏,而更多的学生眼睛里流露出的是渴求的欲望。从那以后,课间教室里又多了一道"风景线"。算24点反应快、正确率又高的小殷,会经常引来许多羡慕、崇拜的目光,在他的带领、指导下,更多的学生投入到"24点"中。连数学老师都说,不少学生的计算正确率有了提高。

当然,这些益智游戏不一定受所有人的欢迎,为此我还为一些爱唱爱跳爱表演的女孩准备了一些喜闻乐见的歌舞曲,每当通过电脑播放优美音乐时,能歌善舞的小李总会给大家带来音乐大餐,小陆和小张还会带来女生两重唱……另外,我还会选择一些童话类的课文组织学生利用课间排演课本剧,看着他们从分配角色到熟读台词,从制作道具到模拟走台,从正式登场到接受评分,我深深感受到课间十分钟给孩子们带来的变化。

※诊断分析※

低年级学生活动能力强,但年龄小,缺乏自控能力。由于他们还不具备处理、辨析事情的能力,对结果也没有预测性,常常会做出一些危险的动作,特别在课间很容易发生意外伤害事故。因此低年级班主任的责任十分重大。很多班主任都采取严格监控的方式,希望避免意外事故的发生。每节下课,都准时到教室,重点盯防某些易"出轨"学生,看似有些效果,但这也只是学生在老师威严之下的本能之举。爱动,是他们的天性,只要老师稍一放松,什么规范训练、找家长谈话等等都会抛之脑后。与其让学生被动地服从规定,不如从学生自身的需求出发,带喜欢的课外书来,在课间阅读。一开始效果不错,但后来影响到课上教学和自修课的正常进行,就并非预期目的了,另外,看书毕竟是相对静止的活动,长时间阅读并不适合低年级学生的心理特点。偶然的学生提醒使老师茅塞顿开,只有从他们的年龄特点和喜好出发,选择适宜他们的课间活动才是明智的做法。追逐打闹的课间隐患解除了,用丰富多彩的课间活动引导学生走上健康发展的道路,班主任老师将危机化于无形,体现了其高超的管理智慧和强烈的责任心。

❀案例警示❀

作为教师,都应"以人为本",尊重每一位学生,关心爱护每一位学生。教育是心灵的艺术,我们教育学生,首先要与学生之间建立一座心灵相通的知心桥梁,这样老师才会产生热爱之情。起初想到要改变学生课间活动形式时,根本想不到课间活动原来可以这样丰富多彩,更想不到会给学生带来身心上的变化。有时候,一个小小的启示会无意间开启智慧的源泉,作为教师,则更应该站在学生的立场去思考问题。只要有一颗亲近他们的心,就一定会发现其实教师的心和学生的心是贴得那样的近!

案例2:

一天,启东小学学生在操场上玩游戏。调皮捣蛋的朱宽飞与胡户源组

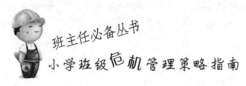

织几个同学玩起"开火车"游戏时,朱宽飞被绊倒在地,一起玩游戏的几个同学也都顺势跌倒。朱宽飞站起后,因疼痛不已而哭了起来。班主任老师发现情况后问了几句,没有弄清情况,就安排顺路同学将其送回家中。回家后,朱宽飞向家长说了摔伤情况后被送到医院,诊断为右锁骨骨折。据悉,"开火车"游戏是启东某小学明令禁止的危险游戏,事发前,学校和班级刚刚开展了安全教育工作,虽然尽了教育和安全管理责任,但监护措施不到位,未能有效防止事故发生,应承担一定的责任。

❖诊断分析❖

出现上述危险状况,一方面与小学生本身的特点有关,他们好动、好胜,缺乏对危险的预知能力。另一方面也与校方监管不完善有关,学校或班主任虽然强调了,却并未采取有力的措施监督、防范、劝止,以至于最终出现意外伤害事故。因此,学校、老师、家长通过有效的安全教育进一步提升每个学生对危险的认知水平很有必要。学校和班级安排值周生、班干部等监督劝导危险行为,并及时通报情况,也将在一定程度上避免或减少事故的发生。

【理论课堂】

一、游戏必不可少

做游戏是少年儿童的天性,游戏满足了儿童认识、发展、锻炼自身的天然需要,儿童通过游戏寻求着自我控制感,且通过游戏在不确定的世界中寻求一定程度的确定性。儿童游戏是无法禁止的,无论社会发展到什么地步,儿童的生活环境如何,在儿童天性的引导下,在儿童生理—心理的天然需要下,儿童总会生发出他们自己的游戏并身体力行。在校园中游戏当然也必不可少，它对于学生在紧张的学习之余，调节精神活动，促进身心健康发展有着极其重要的意义。

二、游戏暗藏隐患

小学校园中流行的游戏多是学生间层层传授下来的，具有较大的自发性和随意性，由于缺乏正确引导，有些游戏存在安全隐患，小学生本身自我保护意识也不够强，容易引发不良后果，如"斗鸡"游戏，不懂得一定的保护措施，很容易撞断腿。然而，不少教师往往对课间游戏的消极性认识不足，任其发展或是处理问题过于简单，往往"一棍子打死"。结果屡禁不止，难以根绝。长此下来，小事情也成大问题。教师应全面、正确地认识校园游戏的消极性，有目的、有意识地加强对课间游戏的控制管理，使学生在有益的游戏中幸福成长。

三、游戏需要引导

考虑到游戏在小学生课间活动中占有的重要地位和隐藏危机的状况，班主任们可以从改良游戏规则和引导有益游戏两个方面着手对这块"天地"开展控制和管理，因势利导地开展有益的校园游戏，只有从实际出发，摒弃消极因素，充分挖掘积极因素，才能治本治源。如"斗鸡"游戏，可由用膝部撞改为用双手推出圈的方法，减少不安全因素。教师与其一而再、再而三地禁这禁那，不如主动积极地亲身示范，用有益的游戏占领学生的活动时间。如跳绳、踢毽子等。

【应对指南】

班级课间游戏意外伤害的应急预案

本预案是指学生在课间游戏中，因保护不当造成的事故，轻则挫

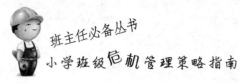

伤、擦伤、关节损伤、肌肉抽筋、拉伤,重则造成骨折、呼吸紊乱、严重休克甚至丧失生命。当出现上述情况时,按预案执行。

一、组织机制

本班伤害事故处理小组由班主任、班长、体育委员、各小组长组成。

二、事故的预防

1.加强思想教育、增强防范意识。小学生对危险的预判能力差,自我保护意识不强,好胜贪玩,思想上麻痹大意,缺乏预防事故的意识,班主任要教育学生树立安全意识。

2.加强对活动场地和设施的安全检查。提醒学生在平整没有坑洼、石块且不太硬、打滑的地面玩耍;学生常玩的滑梯、球架及自带的游戏器具都要留意检查安全性。

3.游戏活动本身应安全、健康,在学生的能力范围内。向学生进行遵守游戏规则等方面的教育,禁止粗野动作,不使用过激的推、拉、撞等危险动作,培养学生自我保护、相互保护的意识。掌握特异体质的学生情况,控制合理的运动量,注意区别对待。

三、事故的处理

1.在场学生发现险情后要及时报告在场老师、班主任、医务室人员,班主任应立即到达现场并迅速通知就近校领导等相关应急人员,了解伤者情况,判断伤情,先行急救;遇到重伤的或不能判断伤情的,应及时送医院检查、急救或拨打120电话。

2.及时通知家长或其他监护人,以便做出救治决定,并做好安慰工作。

3.了解事故发生经过,调查事故原因,做好有关记录,采集有关证据,以利于对事故处理做到事实清楚,责任明确,并在第一时间报告保险公司。

4.重大的伤害事故要由学校及时上报相关教育行政部门。

5.前往医院探视,随时掌握受伤学生身体康复情况。

❖安全小贴士❖

请小学生听好

一定不要因为好玩而攀爬到高处,更不能从高处往下跳,这样做会导致摔伤,甚至发生生命危险。遇到有同学挑衅,要和你比赛敢不敢从高处跳下去,要坚决拒绝,不能为了逞英雄就答应。另外,受伤后不能乱动,应让同学立即通知老师,然后去医院治疗。

玩耍时要注意场所和对象,不能不加选择地随意玩耍。比如,楼梯扶手不是滑梯,从上面滑下来需要很好的平衡能力和对身体的控制能力,小同学在这点上还做得不够好。因此,把楼梯扶手当作滑梯玩,是很危险的,稍有不慎,就会受伤。

不仅要注意自己的安全,在看到其他同学做这些危险的"游戏"时,也要及时劝阻,若其不听,应及时通知老师,以避免发生不幸。

❖拓展视窗❖

《中小学幼儿园安全管理办法》第38条规定:"学校应当按照国家课程标准和地方课程设置要求,将安全教育纳入教学内容,对学生开展安全教育,培养学生的安全意识,提高学生的自我防护能力。"《中华人民共和国义务教育法》第24条第1款规定:"学校应当建立、健全安全制度和应急机

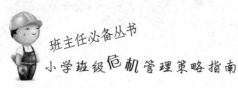
制,对学生进行安全教育,加强管理,及时消除隐患,预防发生事故。"《中华人民共和国未成年人保护法》第22条第1款规定:"学校、幼儿园、托儿所应当建立安全制度,加强对未成年人的安全教育,采取措施保障未成年人的人身安全。"学校针对易发生危险的"游戏"方式应对学生进行安全教育,令学生避免这些玩耍方式,并引导学生进行安全、健康、有益的活动。教育学生不要模仿电影、电视中的危险镜头,例如扒乘车辆、攀爬高的建筑物、用刀棍等互相打斗、用砖头等互相投掷、点燃树枝、废纸等。

《中小学幼儿园安全管理办法》第35条第2款的规定:"学校教师……发现学生行为具有危险性的,应当及时告诫、制止,并与学生监护人沟通。"

《中华人民共和国未成年人保护法》第24条规定:"学校对未成年学生在校内或者本校组织的校外活动中发生人身伤害事故的,应当及时救护,妥善处理,并及时向有关主管部门报告。"《学生伤害事故处理办法》第3条规定:"学生伤害事故应当遵循依法、客观公正、合理适当的原则,及时、妥善地处理。"第15条规定:"发生学生伤害事故,学校应当及时救助受伤害学生,并应当及时告知未成年学生的监护人;有条件的,应当采取紧急救援等方式救助。"

❀管理感悟❀

如果班主任发现学生的病情或伤情,应履行救治义务,其要求主要在于:一是措施及时,即:采取积极的措施,不要延误时间;二是措施得当。即本着"善良管理人"的标准,来确定得当的措施:(1)学生的病情或伤情的严重程度;(2)学校是否有校医;(3)学校附近的医疗机构分布情况,最便捷、可靠的救治途径是什么;(4)是否及时通知监护人。

第三节　大型活动中的事故

【本节导读】

学校经常组织师生在校内外举行大型集会或专题参观活动,如庆祝会、联谊会、艺术节、科技节、报告会、影视观摩、升旗仪式等各种集会活动,当人群密集,尤其是一大群身体弱小、缺乏防范危险的能力和应对危机的技能缺失的小学生们汇聚一起的时候,各种意想不到的危险也随时伴之左右,拥挤踩踏、交通意外等突发事故都需加强防范,严密组织、规范要求并制定预案,做到有备无患才能遇事不乱。

案例1:

上周六,东方红小学六年级两个班组织学生去郊游。60名学生在李老师、刘老师两位班主任的带领下,来到了植物园。一天的时间过得飞快,转眼到了傍晚,大家要返程回去了。老师清点人数时,却发现王小明不见了。两位老师很着急,赶忙让班干部一一问学生,是否有人见过王小明。大家都说好一会儿没见过他了。眼看天就要黑了,刘老师说,他在原地等一会儿,让李老师带着其余的同学先下山并报警。之后,刘老师、警察和植物园的工作人员在园林里搜索时,终于发现了王小明。原来,他在某处景点看到了一种很漂亮的果子,就偷偷溜过去爬到树上去摘。当他下来时,发现大家都已经走远了,自己不知道该往哪走,也到处找大家,后来就迷路了,幸亏有惊

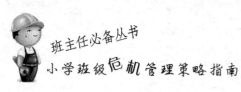

无险,没有发生其他意外伤害,但着实让所有人都紧张着急了许久。

※诊断分析※

学生贪玩、不遵守纪律要求是导致出现此次意外的直接原因,班主任管理疏漏,以至学生走失许久才发现,也需承担一定的责任。在学生的集体活动中人多、环境复杂,管理存在很大难度,如果班主任能多指定几个班干部分工负责,可能就不至于学生掉队后那么久才被发现了。

案例2:

某小学四年一班在3月5日这天组织全班同学开展学雷锋做好事的实践活动,为了方便行动,学生被分成几个小组,第三小组的同学负责打捞护城河边漂浮的白色垃圾,此次活动除班主任外,还有两名科任老师参与并分工负责,但由于学生较多,无暇顾及每一个学生的行踪,第三小组的小强一个人去了距大家较远的地方打捞,天刚下过雨,河边泥泞湿滑,小强一不小心跌入河中,同学和老师们听到有人喊救命,才意识到小强不见了,在大家的帮助下,小强被救上岸,立即送去医院,才摆脱了生命危险。

※诊断分析※

小学生集体外出实践时如果监管不到位,很容易出现各种状况。因此,班主任在出发前需要提醒学生参与活动过程中的注意事项,什么是必须做的,什么是可以做的,什么是不允许做的,要求学生服从教师和学校的统一安排,遵守活动纪律,听从老师或有关管理人员的指挥,统一行动,不各行其是,要在指定的区域内活动,不随意四处走动、游览,防止意外发生。学生到了现场一兴奋起来,很容易忘记老师的叮嘱,这就需要老师在活动中加强监督、提醒，以免出现像案例中的事件。事故一旦发生要及时处理，严重的要在最短时间内送往医院救治，避免因延误时间造成更严重的后果。学校还应采取积极的态度与家长沟通，促成事故的妥善处理。

❖案例警示❖

虽然都是虚惊一场，但案例中的意外事件值得我们重视与反思。班主任带领全班集体外出活动前应着重强调遵守活动纪律，服从统一指挥。活动中不要单独行动，应结伴而行，防止发生意外。有事离开要跟带队老师打招呼，经同意后方可离开。一旦出现状况，要立即反应，恰当处理。当然还可以教给学生一些自我保护的常识：学会辨识环境，不去危险的地方；不要随便采摘、食用蘑菇、野菜和野果，以免发生食物中毒；与大家走失后，如果携带手机，应尽快与老师、同学联系，询问路线，跟上大家。如果联系不上，不要慌张，也不要乱走动，找到事先约定的汇合地点等待大家，或者呆在原地等候。

【理论课堂】

一、重视大型活动安全的必要性

凡是参加活动的人员多、活动主题内容影响大、参会人员面广、活动场面控制难度大的各种室内及室外的各种活动，均可称为大型活动。按活动场地的不同，又可分为：学校室内大型活动、学校室外大型活动和社会性大型活动。大型活动参加人数多，时间长，学生兴奋度高，容易出现管理上的疏漏，一旦发生事故就会导致人员伤亡，并造成很大的社会影响。因此，无论是班级独立组织大型集体活动，还是以班级为单位参与全校的大型活动，班主任作为责无旁贷的第一负责人

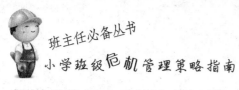

都应加强防范，细致筹划，做好应急准备。

二、班级大型活动安全的范围

大型活动的安全涉及到多个方面，需要班主任多加注意的主要有：

（一）交通安全。大型活动涉及乘车或步行出校的，需特别提醒司机稳健驾驶，安全为主，学生遵守乘坐规则或行走时的交通规则。

（二）场地消防安全。室内大型活动场地的舞台、电器、各种用具物品都有一个消防安全的问题，班主任带领学生进入场地后应重点提示安全通道的方向和疏散方法。

（三）人身安全。注意场地是否超员拥挤，要求学生听从指挥，进出有序，遵守纪律，不随意走动，以免发生走失或人身伤害。

（四）场地环境和场内物品的安全。到达场地后，检视周围环境的安全性，提醒学生远离危险，保持警惕。如临时搭建的建筑，建筑物的外墙下等，尽可能避免意外发生。

三、大型活动中意外伤害事故的预防

1. 班级组织开展大型活动，班主任要精心设计。活动前要制订出预案，对于每个环节都要周密安排，把各种情况考虑进去，防患于未然。同时要对参加者加强安全教育，对于参加运动比赛的人员应事先做好身体检查，不宜参加剧烈运动的学生应劝其放弃，以防事故的发生。

2. 加强设施的检查。例如：车辆、途经的道路状况以及开展活动场所的安全状况，消除隐患。

3. 组织者应增强责任心，努力提高组织管理水平，熟悉业务，时刻注意整个活动中学生的动向，不得擅离职守。

4. 有意识地训练学生的安全防范意识与自救互救技能。虽然小学生年龄小，但接受能力强并且从小学习防范危险自救互救的技能，将使他们终身受益。在遇到意外伤害事故时也不会过于慌乱，能最大程度地降低伤害。

5. 不要因害怕事故的发生就消极等待，什么活动也不搞了。在实际工作中确有这样的情况，因为害怕事故的发生，大型活动一律取消，学生被剥夺了亲近自然、走进社会的权利，不利于学生身心的健康发展。因而，学校领导和班主任应积极开动脑筋，精心设计、周密安排，同时加强对学生的安全意识教育，做到活动正常开展，安全得到保障。

【应对指南】

班级大型集体活动安全应急预案

为保障全班师生的生命财产安全，维持班级教学秩序正常运作，及时应对大型集体活动期间发生的各种有关安全、稳定事件，做到对事态快速反应、果断处置、控制局面、减少伤害和损失，特制订本预案。

一、适用范围

活动开展期间，出现以下几种情形，应及时启动本预案：

1. 活动场所建筑物（含临建）坍塌；2. 活动场所发生地震、火灾；3. 现场秩序失控，发生拥挤、踩踏事故；4. 现场发生重大刑事、治安案件；5. 其他影响安全的、可能造成人员伤亡的事件。

二、形成组织

班级成立"应对大型群体性活动安全事故领导小组"：组长：班主

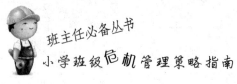

任副组长：班长 组员：其他班干部。活动的主办单位领导为本次活动的第一安全责任人。班主任为本班的安全责任人，活动期间班主任不得离开活动现场，随时掌握现场情况。

三、突发事件处理响应程序

（一）事件发生后，本应急预案立即启动：（1）安全事件发生后，班主任需及时做出反应，安抚学生不慌乱，迅速组织学生有序撤离突发事故现场，清点统计人数；（2）迅速拨打急救电话，如有条件可先行抢救伤员，将伤员送往医院急救；（3）向在场学生发布险情简报，提出应急时期纪律要求和防范措施，并迅速划定现场保护范围，严禁进入危险环境，等待救援。

（二）及时报告：突发事件发生之后，班主任要将事件发生的时间、地点、大概情况向学校领导报告。学校领导根据事件性质、情况做进一步决策。

（三）协助现场勘查：学校领导或职能部门人员到场后，班主任协助安排向事件报告人及现场目击的学生了解事件的真实情况，进行文字记录、现场拍照，掌握好知情人员姓名、住址、联系方式等资料，为查清突发事件的起因与经过提供第一手材料。

（四）突发事件受到控制后，学校一般会接手处理相关后续事宜，班主任的工作重点主要在学生和家长：（1）做好全体学生的情绪安抚工作，及时与家长沟通学生情况。（2）看望受伤学生，安抚家长，及时将学生与家长的诉求通告学校，协调解决后续问题。（3）认真总结经验教训，针对突发事件暴露出来的薄弱环节，认真整改，最大程度地减少事件损失，避免事件的再发生。

❈安全小贴士❈

外出开展大型活动时,为便于管理,最好要求参加活动的学生统一着装(如穿校服),这样目标明显,便于监管,一旦有掉队,也方便互相寻找。

❈拓展视窗❈

有关专家强调,当学生意外受伤,应尽量缩短等待接受治疗的时间,防止伤口的情况恶化。因此,了解如何迅速采取急救措施比什么都重要,班主任必须具备一定的救治技能。

1.轻微割伤或擦伤

如果教师手边没有创可贴,处理轻微割伤的最佳方法就是让伤口自行痊愈。用湿纸巾或者流动的清水轻轻地将伤口周围擦洗干净即可。不推荐使用消毒纸巾,因为有些纸巾内含有的消毒成分药性强烈,易造成皮肤过敏。没有湿纸巾的情况下,用婴儿纸巾也可以。

2.严重割伤

学生被利物严重割伤,如果不及时处理伤口,很可能会使伤口发炎。遇到这种情况,教师最好找到经过消毒处理的吸水性棉条或纱布,两端最好不带胶布,以防伤口血液凝结后将纱布去掉时引发伤口周围皮肤疼痛。当然,在意外情况下,一般手头很难找到经过消毒处理的吸水性棉条或纱布,教师也可以考虑替代材料,任何一块吸水性强的干净布都可以,但不要使用手感蓬松或粗糙的面料,以防布料的纤维粘连伤口。找到以后,用消毒棉或布按住伤口止血,直至血液不再流出,然后换一块干净的消毒棉或布将伤口包牢。应注意的是,在对伤口进行基本处理后,应立刻到医院接受更专业的处理和治疗。

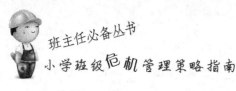

3.骨折

骨折常由运动中身体某部受到直接或间接的暴力撞击而造成。骨折是比较严重的损伤,但发病率很低。常见的骨折有小腿骨折、肋骨骨折、脊柱骨折等。

征象:骨折发生后,患处立即出现肿胀,皮下淤血,疼痛剧烈,肢体失去正常功能,肌肉产生痉挛,有时骨折部位发生变形。移动时可听到骨摩擦声。严重骨折时,伴有出血和神经损伤、发热、口渴甚至休克等全身性症状。

处理:教师应告诫学生骨折发生后不能随意移动患肢,应用夹板或其他代用品固定伤肢,若伴有休克出现,应先进行处理,即点按人中穴,并进行口对口人工呼吸或胸外心脏按摩;若伴有伤口出血,应同时实施止血和包扎,及时护送到医院检查和治疗。

4.眼部受伤或眼内有异物

教师发现学生眼部受伤或眼内有异物时,先用清水将学生受伤眼睛冲洗干净,然后将眼罩或折好的棉手绢遮于眼部,并将其轻轻固定于头部。如果条件允许,最好将双眼全都遮住。否则由于未受伤的眼睛不断转动,会导致受伤的眼睛被迫跟着转动,因而导致伤势扩大。无论伤情如何都应该立刻就医。

5.出鼻血

遇到学生大量出鼻血,首要问题是止血、防止休克。轻度鼻出血可用指压法(头前倾,手指紧捏两鼻翼5~10分钟)或用干净棉花将鼻腔填塞即可止血。但许多因血液病、高血压甚至外伤引起的鼻腔大量出血,必须立即进行现场急救治疗,以防失血性休克发生。鼻腔大量出血时,一看到血从鼻子和口中呼呼涌出时,常使人十分紧张。此时教师首先要安慰学生,使之情绪稳定,否则紧张的情绪会使血压增高加重出血。不要盲目使用头部后仰或让学生赶紧躺下的方法止血,在现场抢救中学生如果无失血性休克表现,就应让学生坐下或半躺在床上,头部直立。若出血停止,也不要大意,先不要用手指抠挖鼻孔试图将积血擦净,因为一旦把血痂碰掉将会再次引发出血,此时就应去医院检查出血原因接受进一步治疗。

6. 抽筋和痉挛

当学生腿或脚部抽筋时,可立即用拇指和食指捏住上嘴唇的人中穴,持续用力捏20~30秒钟后,抽筋的肌肉就可松弛,疼痛也随之解除。

当学生出现呼吸停止时,教师最好马上做人工呼吸,直至呼吸恢复为止。碰到高热痉挛、抽搐的学生,首先将学生移至凉快的地方,解松衣服,在头、颈、腋下、大腿根部用冰袋冷敷,并给学生喝冷盐开水。已失去意识或抽搐剧烈的,要使学生呈昏睡体位,叫救护车送医院处理。要注意的是,如果发现学生反复抽搐,最好通知学生家长,对其做全面检查。癫痫是由脑机能障碍引起的,有障碍痉挛、抽搐等。出现抽搐、摔倒在地是发作的典型症状,但其间也有瞬间的意识消失、腹痛感等。癫痫的症状随年龄和病因而异,要送医院做神经科检查。

7. 中暑

人体长时间在烈日下曝晒或处于高温潮湿的环境中,体内的热量散发不出去,就会引起肌体调节和代谢紊乱,及神经功能的损伤。这时人会有自感乏力,头昏眼花、大汗、口渴、心悸等不适症状,这就是中暑。中暑后不及时救治会有生命危险。

(1)发现学生中暑后,班主任应组织学生立即将病人抬到阴凉通风的

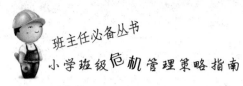

地方，为其松开衣领、裤带，以便更好地通风降温。

（2）可给中暑病人服淡盐水、十滴水、人丹等，并用清凉油、风油精涂抹太阳穴。

（3）对高温昏迷的病人可用冰块、冷毛巾敷在头部、腋窝、腹股沟等处，进行物理降温。

（4）重度中暑的病人应及时送医院抢救。

❈管理感悟❈

爱不仅仅是保护，是给予，更是一种技能和责任。在随时发生的意外伤害面前，教会孩子如何躲避，如何更好地保护自己的生命，这是最基本的技能和责任。

安全是一种意识，更是一种习惯。安全教育就是培养学生的这种意识，使其逐渐养成习惯。

第四节　班级突现学生自杀事件

【本节导读】

生命对于每个人都只有一次，人最宝贵的是生命，每一个人都有这样的愿望：让自己的生命之树常青。

然而，在现实生活中，却存在着让我们触目惊心的现象。由于少年儿童的意外事故频发，加之出于各种压力儿童的自杀率也呈逐年上升趋势。班级中不免会出现学生死亡的事件，而这种突发事件给其他学生带来的心理影响是不可忽视的，有研究表明，每1人自杀会对周围的5个人产生巨大的心理影响，需采取必要手段进行干预。同时这也是一个契机，对全体学生进行严肃的生命教育，可避免类似悲剧再次上演。

案例:

2007年1月10日晚7时许，江西景德镇市横跨昌江的一座浮桥下，11名小学生上演了一场悲剧：一名绰号叫作"小芋头"的学生，因为好友"冰冰"将随母去福建而心生烦恼，声称要跳河自杀，约朋友们在浮桥上见面。结果"小芋头"并未真正跳河，赌气的冰冰却跳进水中，其他同伴手拉手相救，但由于意外，5人溺水，3人被救起，冰冰和当晚在场的一名男生"飞飞"沉入江底。一条条鲜活而青春的生命就这样永远离我们而去……

◈诊断分析◈

这起痛心的事件，让我们发现小学生自身对死亡是缺乏认知的，所以才轻言生死，因朋友转学就要自杀，对生命缺乏价值意识。心理又不成熟，情绪易冲动，导致赌气跳河。在相救过程中，由于缺乏救人技巧，出现意外，再痛失一人。一连串的不幸发生是诸多偶然累积的结果，但也是一种必然，因为我们平时对小学生在生死教育方面重视的太少了，这值得我们深刻反思。

◈案例警示◈

回顾整个事件，在悲痛和震惊之余，我们必须思考，作为班主任，我们究竟应该怎样应对和处理该类事情？当班级中突然失去了一个同学，该怎样

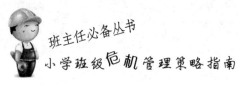

帮助其他学生克服心理阴影,度过特殊时期?开展教育,让学生正确认识和对待生死是一个关键点,当班级出现类似事件,对其他学生进行心理危机干预和平复是非常必要的。

【理论课堂】

当今青少年的生命意识十分淡漠、性格扭曲的现象日益增多,据权威资料统计显示:我国15岁以下未成年人每年意外死亡有四五十万人,其中相当一部分是轻生自杀。自杀行为正日益呈现低龄化,儿童自杀已成为一个普遍的社会现象。据世界卫生组织的统计数据,1999年中国5—14岁儿童的自杀率为8/100万,近年来正有逐年上升的趋势。虽然比起14岁以上的青少年和成人,儿童的自杀率要低,但一个又一个幼小的生命离去,给家庭、学校、同学都造成巨大的影响。到底是什么原因导致那么小的孩子选择了自杀这条路呢?

一、小学生自杀原因探析

从小学生自杀的原因来看,主要有以下几种:

(一)心理不成熟,对死亡一知半解

小学正是孩子对死亡一知半解的阶段,孩子或多或少已经知道"死"是怎么一会儿事了,但他们并不清楚"死亡"可以发生在他亲人、所有人、甚至他自己的身上,这是他现阶段的年龄特点所决定的。另外媒体(包括电视、网络、图书等)对死亡的描述,其实对孩子还是有影响的,孩子天生爱模仿爱玩,有孩子就因为好奇模仿死亡游戏而出事的。如果父母或老师平时和孩子谈论"死亡",让他们了解"死亡"是怎么一回事,少给孩子看暴力死亡的动画片、电视等镜头,相信可以阻止孩子玩"死亡"的游戏，尤其是对"死亡"好奇的孩子。

（二）心理承受能力差，易冲动

独生子女在家里受宠惯了，听不得别人说"不"，承受不了挫折。在家里被大人让着，可是学校里的同学不会像家里人一样让着，不可能事事顺利。做错事情老师会批评，同伴间吵个嘴打个小架避免不了，考试成绩差了名次不理想、没评上三好生或班干部等等不顺心的事情总有一些，就有孩子承受不了这些小挫折而选择自杀的，实在令人觉得不值。所以，让孩子适当接受挫折教育是非常必要的。

（三）应试教育导致师生关系紧张，学生不堪重负

有小学生临死前留下遗书，遗书上大概是说每天作业太多，还被逼着上各种辅导班，丝毫没有生活的乐趣，将来如果考不上重点初中就上不了重点高中和好大学，压力太大不能承受。还有孩子因不参加老师办的私人辅导班受到不公平待遇，相约自杀。先撇开孩子的心理承受力不说，现在的孩子确实很辛苦。书又多又重，学校和老师为了升学率而不顾学生身心承受能力，校内课业重，校外还要补，学生减负只是停留在口号上，学生学习压力越来越大，师生关系也因学习问题越来越紧张，普遍感到潜心教学的好老师越来越缺乏，尊重老师的家长和学生越来越少。

（四）家长望子成龙的心态日趋严重

"母亲逼儿月考进前三，8岁男孩厌学割腕自杀"，很不想看到这样的报道，可是不时总有这些令人痛心的消息传出。孩子怎样才算是成龙成凤呢？上清华读北大才算吗？各种兴趣班的学习是孩子感兴趣的倒无所谓，偏偏很多孩子根本不愿意学，只是父母为了圆自己的梦，一厢

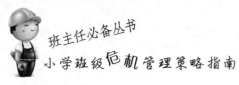

情愿地强迫孩子学,压力怎会不大呢?亲子关系僵化、恶化,承受能力弱的或冲动的孩子,选择自杀来解决痛苦,父母就追悔莫及了。

二、警惕自杀对周围人的影响

生活在重压之下的儿童,虽然只有少部分选择了走向不归路,但其他仍在压力下的孩子也容易受到自杀行为的强烈心理暗示,根据研究,1个自杀者会影响到周围的5个人,甚至连自杀的方式也常被后来者模仿。当小学生对死亡的认知还懵懵懂懂的时候,自杀暗示的消极作用就可能占上风。这时如不及时采取措施,就有可能再次发生不幸事件。因此需要班主任或专门的心理干预人员进行心理疏导和教育,尽快调整心态,度过心理危机。

【应对指南】

一、开展有效的心理干预,带领学生走出消极情绪的包围

突发事件后对学生进行的心理干预包括:1. 通过心理危机教育和宣传,加强学生对心理危机的了解与认知,提高学生承受挫折的能力,为应对自身可能出现的危机做好准备。2. 通过心理咨询等支持性干预,协助处于危机中的学生把握现状,重新认识危机事件,尽快恢复心理平衡,顺利度过危机,并掌握有效的危机应对策略。3. 通过提供适时的介入帮助防止自伤、自杀或攻击行为等过激行为。4. 通过构建心理危机干预体系,做到心理困扰早期预防、早期发现、早期诊断、早期应对,减少和尽量避免危机对学生正常生活和学习的影响。

二、开展死亡教育,使学生树立正确的生死观

由于我国长期的家庭和教育的影响(对死亡话题的避讳),死亡变

成了一道深奥的课题，更是一个禁忌的话题。谈到死亡，人们就认为是一种不吉利，人们宁可改变话题，或者采用一些委婉的表达方式，如"永别""走了"之类。在家庭中，父母认为跟孩子谈死亡问题过于沉重，他们尽力不让孩子们在家庭中目睹"死亡"，还尽力不对老人或病人谈到死的问题，主要是防止他们由于目睹死亡或听到死亡引起焦虑、不安和想入非非，殊不知这却使孩子对"死亡"产生神秘感、好奇心，甚至会给儿童一些关于死亡的不正确的信息，使他们一些人认为死是一件轻松的事。正因为死亡教育的长期缺失，使得许多青少年学生对死意味着什么缺乏最常识的了解和思考，他们许多人之所以自杀，并不是因为他们不懂得生命的宝贵，而是不知道也没想过死对他们自己和他们的亲人意味着什么？把死亡教育引进校园，目的是让青少年学生了解死意味着什么，并体会死给亲人带来的巨大悲痛，从而尊重和热爱生命，以积极的态度面对人生。

三、开展生命教育，使学生珍视生命，树立正确的生活态度

人的生命只有一次，当如花的生命逝去时，留给我们更多是遗憾。我们无从去抵御天灾，让命运之神去眷顾我们，但我们可以珍惜现在，让生命活得更有价值。加强未成年人生命教育，学校义不容辞。生命教育刻不容缓！通过生命教育，正确引导青少年"认识生死、学会生死"，树立积极向上的人生观、价值观、理想观，珍惜生命，健康成长，将来为社会做出应有的贡献。

实施生命教育，需要按照学生的身心发展特点和教育规律，整体规划小学、初中和高中生命教育的内容序列，使"认识生命、珍惜生命、尊重生命、热爱生命"的教育内容在小学低年级、小学中高年级、初中

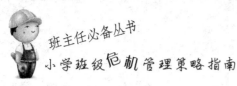

和高中阶段有机衔接、循序渐进、全面系统。如：在小学低年级阶段，以"认识生命"为重点教育内容，着重帮助和引导学生初步了解和认识生命现象。在小学中高年级，以"珍惜生命"为重点教育内容，培养学生初步树立正确的生命意识，养成健康的生活习惯。

四、家校合作、积极改进，降低自杀的刺激诱因

从自杀原因看，学校、老师及家长几方面都有干系，改革教育减轻课业负担是呼唤了多年的口号，如能把它落到实处，变为现实，将在很大程度上降低学生的学习压力，家长适当调整期望值，转变观念，也会让孩子轻松一些。双方再从加强学生心理素质方面共同努力，提升其抗挫折能力，那么，自杀的刺激诱因会减少，从根本上降低自杀率。

❖安全小贴士❖

自杀行为是有征兆的，如果及时发现苗头，就可以通过有效的干预来防止不幸的发生。因此对于学生的自杀行为，最重要的是预防。那么，有哪些方法可以帮助我们及时发现学生的自杀征兆呢？

1.注意学生的异常表现。本来爱说爱笑的学生突然沉默；本来很少说话的学生突然大说大笑；见同学就躲；没事发愣，发呆，眼睛发直；说一些令人吃惊的话……遇到这些征兆，教师都要加以询问，必要时与家长联系，不可掉以轻心。

2.建立聊天机制。班主任可以每周或者隔周指定一天的某个时候为聊天时间，告诉学生可以来谈任何问题，教师承诺保密。自杀的孩子在行动之前一般都有"求救"信号，及时发现可以避免。当然，运用这种方法的前提是学生信任和喜欢教师，否则你这样说了他也不会来找你。

3. 还有一种"侦察"方式——语词联想。让全班同学每人随机从词典上找到一个词，然后从这个词随便联想，写出20~30个词。对这些词进行分类研究，可以看出学生的心态。有自杀倾向的孩子，会写出很多灰暗的或者恐怖的词语来。小学高年级以上的学生可以用这种方法。

一旦发现学生有自杀意向时千万不要紧张。有自杀意向离实行自杀尚有段距离。应该主动找他谈话。注意不要搞"晓以大义"那一套。孩子自杀，常见原因是觉得自己已无价值，觉得自己已无希望，觉得自己已无可留恋，觉得自己太痛苦。所以谈话的重点是向他证明：你有价值，你有希望，你还有可留恋的人和事物，你的痛苦是有办法减轻的。同时向领导汇报，并用适当的方式通知家长。

总之，当今不少青年心理脆弱，心理压力过大，抗挫折能力差，极易患心理疾病，严重的酿成自杀的悲剧，这已引起全社会的关注。作为班主任要关注这个问题，更要防微杜渐，准确把握学生动态，洞悉学生心理变化，把有自杀倾向的青少年拉出阴影，投身于生活的七彩阳光中。

❋拓展视窗❋

培养学生的心理承受力　英国学校开设"死亡"课

英国已于2000年为年龄低至11岁的在学儿童开设了内容与死亡有关的课程。教育部门认为，这门课程将帮助孩子们"体验同遭遇损失和生活方式突变有关联的复杂心情"，并且学会"在各种非常情况下把握对情绪的控制力度"。然而，心理学家们对这项教学计划提出了批评。

他们认为，这门课程会使学童染上沮丧情绪，并使心理脆弱的孩子受到心灵上的伤害。赫赫有名的儿童心理学家马丁·特纳表示："我不认为涉

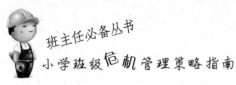

及死亡和离婚之类的话题是可以随便谈论的,因为这太容易使儿童产生焦虑了。"

教育部门对这门课程内容的设置提出的建议包括带一位殡葬行业从业人员和一位医生或护士走进课堂来谈论人死的时候会发生什么事情,并且让学生轮流通过角色替换的方式模拟一旦遇到如父母因车祸身亡等情形时的应对方式。

帕梅拉·罗什夫人的丈夫比利年仅35岁时死于心脏病突发。她认为孩子们,其中包括她自己的3个孩子,肯定会从这门课程中受益。她说:"学生们应该学些与死亡有关的知识。这是每个人成长过程中的一部分。如果他们在学校里已经对此有了心理准备,那将来应付起来就会容易许多。"

英国教育部的一位发言人强调说,开设这门课程的目的绝不是为了吓唬孩子们。他说:"一些学生日后可能会面对丧失亲人或父母离婚的情形,而这门课程可以成为帮助他们理解所发生情况的一种更直观的模拟方式。"

❖ 管理感悟 ❖

只有当人对死亡形成正确认识的时候,才会对生命更加珍惜,以积极的态度努力成就自己的一生。

第三章　面对突发性灾难的危机管理策略

☆ **本章导读** ☆

　　灾害是对能够给人类和人类赖以生存的环境造成破坏性影响的事物总称，灾害是人类社会发展中无法回避的现象。灾害进一步扩张和发展，造成重大损害，就会演变成灾难，按照起因可分为自然灾难和人为灾难。灾难的发生是我们无法阻止的，但我们可以通过恰当的应对降低它的损害程度。校园中的师生不可避免地也会遭到灾难的打击，无论在什么情况下，最大限度地保障学生安全，不仅是对学生本身权益的保障，更是对家庭、学校和社会的责任。因为教育者面对的是鲜活的生命，只有尊重生命，才能谈及教育。因此，营造平安校园要从点滴做起，平时防患于未然，灾难发生时才能从容应对，将损害降到最低。

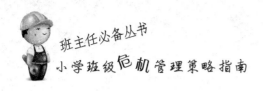

第一节　地　震

【本节导读】

地震是自然界中常见的现象，灾难性的地震对人类社会所造成的危害往往是触目惊心的，中国是发展中的大国，人口众多，地震等重大自然灾害带来的生命损失往往比其他国家更加惨重。特别是在学校这种人员密集的地方，一旦发生强烈地震，伤害程度不可小视。如2008年在汶川大地震中，很多学校都遭受了严重的损失，师生员工伤亡惨重。学校是学生安全可靠的学习场所，到底应该如何保证地震中学生的安全呢？

案例：

自2005年起，四川省安县桑枣中学每学期都要组织全体师生进行一次突发事件安全疏散演习，演习预案的制订具体细致、周到全面，疏散演习中各班撤离的顺序，逃生的速度、路线，教师的站位甚至指挥口令内容均有明确规定。两个班疏散时合用一个楼梯，每班必须排成单行。每个班级疏散到操场上的位置也是固定的，每次各班级都站在自己的地方，不会错。教室里面一般是9列8行，前4行从前门撤离，后4行从后门撤离，每列走哪条通道，学生们早已被事先教育好。孩子们事先还被告知的有，在2楼、3楼教室里的学生要跑得快些，以免堵塞逃生通道；在4楼、5楼的学生要跑得慢些，否则会在楼道中造成人流积压。老师所站的位置是：各层的楼梯拐弯处。因为拐弯处最容易摔倒，孩子如果在这里摔倒了，老师毕竟是成人，力气大些，可以一下就把孩子从人流中抓住提起来，不至于让别人踩到。

经过三年注重细节的反复演练已形成了每个学生的行为能力。当2008年汶川大地震真正发生时，2200多名学生，上百名老师，从不同的教学楼和不同的教室中，全部冲到操场，以班级为组织站好，仅用了1分36秒的时间。学校墙外的镇子上，房倒屋塌，求救声一片。但是一个镇里的农村初中，却在大震之后，无一人伤亡，创造了"桑枣奇迹"！

❈诊断分析❈

之所以能创造奇迹，功夫在平时。安全预案详尽完善，路线程序科学，各班各人责任明确，老师与学生照此反复演习，熟练掌握，才可能做到发生危机情况不慌乱。同时，对师生安全意识的培养和安全技能的教育也至关重要。地震发生时依靠平时演练的紧急疏散办法和逃生技能，为全体师生赢得了宝贵的生存机会。

❈案例警示❈

同样经历地震，为什么有的学校里伤亡惨重，有的学校里毫发未伤？深思之后我们发现，是有效的灾难教育发挥了至关重要的作用。灾难具有突发性、不可预测性，灾难降临时仅靠"急中生智"与"随机应变"的自我保护是远远不够的，系统的、规范的常态化灾难教育必不可少，它可以减轻灾难对人类损害的程度，提高学生防灾避灾的知识与能力，最大限度地保障学生的生命安全。从国外的相关经验来看，灾难教育完全可以从娃娃抓起！

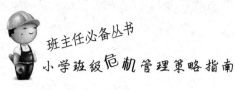

班主任必备丛书

小学班级危机管理策略指南

【理论课堂】

一、地震小常识

地震是一种破坏力极大的自然灾难，它是地壳在内、外应力作用下，集聚的构造应力忽然开释，产生震动性波，从震源向四周传播引起的地面颤抖。除了地震直接引起的山崩、地裂、房倒屋塌之外，还会引起火灾、水灾、爆炸、滑坡、泥石流、毒气蔓延、瘟疫等次生灾难。大地振动是地震最直观、最普遍的表现。在海底或滨海地区发生的强烈地震，能引起巨大的波浪，称为海啸。地震是极其频繁的，全球每年发生地震约550万次，我国虽称不上地震高发区，却也不能放松警惕，以免重演2008年汶川地震的悲剧。

地震可谓经常发生，有很多弱震是我们觉察不到的，轻微的有感地震一般不具有破坏力，小于6级的中强震破坏力也不大，通常能造成大规模严重破坏的都是6级以上的强震，甚至大于8级的巨大地震。它能在很短的时间内，爆发出强大的破坏能量，让人猝不及防，地震中的人如果没有经历过有素的训练，就会因紧张和恐惧而一时不知所措，出现应激性惊逃反应，盲目做出不适应行为，导致错失逃生机会或造成不必要的损伤。

二、地震中教师需注意的事项

时间就是生命，多次强烈地震的救灾过程表明，人们的自救互救能最大限度地赢得时间，拯救生命。因此当我们在教学时间遭遇地震，老师应注意如下几方面：

1.因地制宜：当地震发生时，每个学校、甚至每一个班级的处境千差万别，避震方式不可能千篇一律。例如，是跑出室外还是在室内避震，就要看客观条件：住平房还是楼房，屋子是不是坚固，室内有没有避震空间，室外是否安全等等。所以，老师应当根据实际情况，对学校的地震应急预案做出符合自己班级的实际方案。

2．行动果断：避震能否成功，就在千钧一发之间，容不得瞻前顾后，犹豫未定。正在上课的任课教师或者班主任一定要立即按照平时演练的应急预案采取行动，确保学生的安全。

3．沉着冷静：保持镇静在地震中十分重要，不少地震的受害者并不是因房屋倒塌而被砸伤或致死，而是由于精神崩溃，从而失去生存的希看，乱喊、乱叫，在极度恐惧中"抹杀"了自己。安抚并鼓励学生不管在任何恶劣的环境下，始终要保持镇静，分析所处环境，寻找出路，等待救援。

4．服从指挥：在地震发生时，提醒学生不要擅自行动、盲目避震，必须要服从教师的统一指挥，这样才能避免现场的混乱，保证应对效果。如果在教室里从颠簸与摇晃中老师（或学生）断定是地震，老师应立即命令大家不要慌，躲在桌子下，如发现有逃跑或跳楼的要喝令："不能跳楼！不能往外跑！"待地震停止时，老师立刻组织同学们有秩序地撤离，到操场去集合。需要指出的是，现在许多城市中小学校教室人满为患，空间狭小，断定是地震时，同学们要迅速把椅子放到自己的课桌上，躲在课桌下，要注意保护头部。

5．有序撤离：面对突来的地震，老师要沉着冷静，选择适当的时机按照应急预案的有关要求，组织学生撤离教室或进行现场紧急避险。当地震发生时，老师一定要首先打开教室的前后门，以防其在地震中扭曲变形而难以打开，影响疏散。在疏散时，切忌使用教学楼、办公楼、学

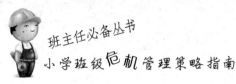

生宿舍等高层建筑的电梯。把学生疏散到安全场所后，教师一定要及时对学生的人数进行盘点，确保学生安全。同时禁止已经疏散的学生再次进入危险区取相关物品，以防余震导致再次伤亡。

【应对指南】

地震安全疏散班级应急预案

一、指导思想

以教育部关于《中小学幼儿园安全管理办法》为指导，本着全员参与、安全第一、疏散有序的原则，为保证班级在破坏性地震临震预报发布或破坏性地震发生后，快速、有序、高效地实施地震应急工作，最大限度地减轻地震灾害造成的损失，防止发生人群挤压、踩踏事故，保障师生的身体健康和生命安全，特指定本预案。

二、指导学校应急机构的组成，包括应急领导小组组长、副组长的电话及其职责。

三、组织落实，宣传到位

1.加强宣传工作，要让学生了解地震是怎样发生的，地震的前兆是哪些，发现异常情况要及时报告。水的变化：天旱井冒水，无雨水变浑，喷气又发响；动物的变化：骡马发惊不进圈，猪不吃食跳栏跑。猫儿躲得无踪影，鸡飞上树狗哀嚎。鱼儿浮头跃出水，鸭不下水岸上闹。冰天雪地蛇出动，老鼠搬家四处逃。摸清习性辨真假，发现异常要报告。综合分析作判断，群测群防很重要。教室两门都不加锁，楼道内不堆放杂物，保证所有通道畅通。

2.发现地震紧急情况，班级老师应迅速按紧急情况安全疏散应急预案,进入各自的工作部位,疏散班级学生。

四、紧急疏散具体安排

(一)紧急避震

1.听到警报声,要保持镇定,切莫惊慌失措,应尽快躲避到安全地点,千万不要逃离教室。

2.在教室内的学生应立即就近躲避,身体采用俯卧或蹲下的方式,躲到桌下或墙角,以保护身体不被砸,但不要靠近窗口。

3.躲避的姿势:将一个胳膊弯起来保护眼睛不让异物击中,另一只手用力抓紧桌腿。在墙角躲避时,把双手交叉放在脖子后面保护自己,并可拿课本、枕头等物遮住头部和颈部。

4.卧倒或蹲下时也可以采用以下姿势:脸朝下,头近墙,两只胳膊在额前交叉,右手正握左臂,左手反握右臂,前额枕在臂上,闭上眼睛和嘴,用鼻子呼吸。

5.在走廊的同学,也应立即选择有利的安全地点,就近躲避,卧倒或蹲下,用双手保护头部,不要站在窗口边。

6.疏散后的集结点为空旷的地方,并要用双手抱头,防止被砸,要避开建筑物和电线。

7.老师要按预案迅速到教室检查避震情况,以保证每一个学生安全撤离。

(二)紧急疏散

1.听到警报后,由班主任或各班指定的班干部组织本班学生按照学校规定的紧急疏散线路快步、有续地撤离教学楼到操场指定集合地点。

2.班级撤离顺序,以小组为单位,快速自然形成单列纵队,快速撤

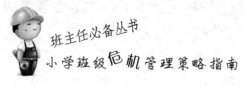

离教室（切莫惊慌失措、快速奔跑，造成秩序混乱）。

3. 撤离线路及集合地点：要求：各班学生务必走指定的楼梯和线路；疏散时不能拥挤，不能等人排队，要自然形成单列纵队；不能大声喧哗，要保证有效指挥；按要求进入运动场后，按广播操队形站立后双手抱头下蹲。各班主任应立即清点人数，并向校长报告。

（三）自救互救

医务组迅速开展以抢救人员为主要内容的现场救护工作，及时将受伤人员转移并送至附近救护站抢救。

❖安全小贴士❖

地震时的避震地点选择

目前，多数专家以为，震时就近躲避，震后迅速撤离到安全的地方，是应急避震较好的办法。这是由于震时预警时间很短，人又往往无法自主行动，再加之门窗变形等，从室内跑出十分困难；假如是在高楼里，跑出来更是不太可能的。但若在学校的教师发现预警现象早，楼层较低，室外比较空旷，则可力争跑出避震。

师生还可以利用教室或宿舍中的"救命三角区"，即当建筑物倒塌落在物体或家具上的屋顶重力会撞击到这些物体，使得靠近它们的地方留下一个空间。这个空间就是"救命三角区"。物体越大，越坚固，它被挤压的余地就越小。而物体被挤压得越小，这个空间就越大，于是利用这个空间的人免于受伤的可能性就越大。根据此原理，当地震发生的时候，教师可以指挥学生躲在一些坚固物品的旁边。

当学校的师生从建筑物中撤离出来以后，要选择安全的室外地点进行避险,留意避开以下建筑物或物品:楼房,特别是有玻璃幕墙的建筑;过街桥、立交桥;高烟囱、水塔等;变压器、电线杆、路灯等;广告牌、吊车等;砖瓦、木料等物的堆放处;狭窄的街道;危旧房屋、危墙;女儿墙、高门脸、雨棚;危险品如易燃、易爆品仓库等。

❋拓展视窗❋

在日本,每年的9月1日各地都要开展为期一周的防灾演习,以提高全民防灾意识和防灾能力。在每年1月17日的防灾志愿者日,日本全国上下都会开展防灾照片展、防灾讲习会、防灾和救助训练等活动。日本的学校除开设防灾课程外,还配有防灾心理辅导员,定期接受防灾咨询;政府推荐的防灾指导员也经常到学校和社区组织各种防灾活动;校方常常模拟各种灾害如地震、火灾、水灾的预演,让孩子们听惯各种不同的警报声,培养他们冷静的头脑和应变能力。比如遇到地震,学生懂得先将门打开,然后快速而秩序井然地逃向操场等开阔地,并注意不在高大建筑和烟囱以及狭窄的胡同内停留,还要避开高压线、变压器、易燃易爆等物品,以减少地震次生灾害的损失。如果教室门已打不开,那就把书包之类的包袋或衣服套在头上,然后躲到课桌底下。正是这样的实践训练和不间断的教育,才使日本孩子养成了强烈的防灾意识,积极主动地接受各种防灾宣传教育,取得了很好的减灾效果,很值得我们借鉴。

作为课堂教育的补充,伊朗设计与实施多种课外活动,以增加学生防灾减灾的知识与能力。如利用教育辅助材料等,通过简单易懂的方式帮助不同年龄段与阶层的孩子了解地震现象。为了提高教职员工的地震知识准备水平,伊朗专门设计与开发特殊课程以及影像资料等,培训教职员工。比

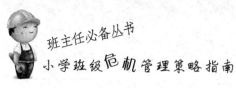
较典型的课外教育活动主要有四类，其一，画画比赛与展览。为了激发与培养孩子们和青年人的安全意识，伊朗根据相关主题，组织画画比赛与展览，如，两年一度的地震与安全画画比赛（1992年开始）等。其二，写作竞赛。为了在年轻人中倡导安全文化，伊朗根据地震减灾、地震与安全、地震准备等主题，举行两年一度的作文比赛。作文比赛中涌现出许多有用与新奇的观点，伊朗政府基于此改进地震教育，与公众交流并了解公众的看法。其三，地震安全操练。为了使理论知识转化为实践技能，伊朗教育部、科学研究与技术部、内政部、广电总局、红十字会等机构合作，每年11月28日在全国范围内举行地震操练，以改进和提高学生在地震发生时的求生技能、反应能力以及准备程度，并使学生成为家庭、社区安全防护的信息传递者。

❈管理感悟❈

危急时刻的冷静源自平时的教育，这样的段子顺口易记，不妨一试："学校遇震需冷静，不要跳楼去逃命。拥挤外出很危险，课桌底下最安全。震后速撤莫回返，空旷场地最保险。"

第二节 火 灾

【本节导读】

近几年来，偶有校园火灾事件发生而导致的伤亡情况，学校是一个人员比较集中的地方，一旦发生火灾，稍有不慎便会伤亡惨重，特别是小学生由于生理、心理等客观因素，遭遇火灾时更容易受到危害。而每一个鲜活生命的逝去，不仅仅是每一个家庭的撕心裂肺之痛，也给社会稳定造成极大的影响，更是国家的巨大损失。那么一旦在校园遭遇火灾，作为班主任，应该要怎么样去处理这种突发情况，使火灾伤害降到最低呢？这一节我们就要来围绕这个问题来展开……

案例1：

1994年12月31日，吉林某学校教学楼一学生在室内吸烟，将用后未熄灭的火柴棒随手扔在木质地板上掉进地板的窟窿里引燃地板下的可燃物酿成火灾，火灾烧毁教室19间、语音室1间、阶梯教室1间，过火面积955平米，所幸未造成人员伤亡。

※诊断分析※

一个不良习惯，一点小小的疏忽却酿成一场大祸。因此教师在平时的消防宣传教育中要注重学生良好习惯的养成。

案例2：

2009年2月22日，上海市某小学五年级二班的全体师生开展了一场别开生面的火灾应急撤离演习。

演习前，班主任对全体学生进行了动员，并把演习过程和注意事项一一传达到每个学生。为了避免在演习过程中发生意外，还在晨会后预演了一下撤离的队形。

下午1：35，随着班主任的一声令下，火灾撤离演习正式开始。班长报告，二楼的计算机室由于电线老化引起初期火灾，火势向三楼蔓延。班主

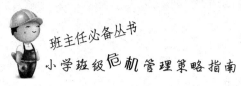
任老师立即跑去切断电源,随后手持灭火器赶往现场进行自救,控制火势。一时间楼道内"浓烟滚滚"。教室内的学生必须转移撤离!全班约五十多名学生,在班主任老师的带领下,按照预先规定的队形和秩序,用湿毛巾捂住口鼻,俯下身子,紧跟在老师的后面,迅速撤离到远离失火教学楼的操场,并留出消防车辆进出的通道。当学生全部撤离到集结地,共用时2分21秒,所有师生全部安全撤离。几分钟后,大火扑灭,所有师生回到教室。

❖诊断分析❖

小孩子总是记不住你告诉他的很多道理,所以为了加深孩子的印象应该进行演习,从而帮助孩子识记安全知识。通过这次演习,教会了学生在遇到火险时自救和逃生的知识及技巧,在应对紧急事件方面迈出了积极主动的一步。为校园应对突发的紧急事件积累了宝贵的经验。

❖案例警示❖

在发生火灾时,小学生由于生理、心理等客观因素,更容易受到危害。如果学生安全意识淡薄,消防常识缺乏,扑救初起火灾和逃生自救互救能力低小,一旦发生火情,势必酿成火灾,造成严重后果。据不完全统计,每年发生火灾数百起,造成经济损失数亿元,死亡人数上万人。因此要对小学生进行消防安全教育,提高他们的消防安全意识刻不容缓。让学生在活动中通过真实可感的消防案例认识到生命是宝贵的,要珍爱生命和注意安全。通过生动活泼的游戏、情境模拟、儿歌背诵等形式进行活动,教育引导学生学习消防知识,认识火灾的危害性,了解火灾产生的原因、提高少年儿童的消防安全意识,帮助学生提高应对突发火灾的心理素质,增强少年儿童的安全自护能力,减少未成年人意外伤害尤其是火灾伤害的发生。

古训有"天下兴亡,匹夫有责"。防范火灾,保护我们共同的家园也是每一位师生员工的共同责任,让我们每个人都肩负起防火安全的责任,从思想上树立牢固的消防安全意识。从我做起,从现在做起,构筑一道防范火灾的钢铁长城,共同创造一个安全、稳定、和谐的学习、生活环境。

在校学生应当自觉做到不玩火,这是最基本的要求,也是预防火灾的最有力保障。

【理论课堂】

一、校园火灾的特点

1. 易造成巨大伤亡。学校是人员集中场所,一旦发生火灾,在火光、浓烟之中,学生会产生惊恐失措现象,或慌不择路而跳楼,或缩成一团任火烧。可能发生学生被烧死、踩死、摔死、呛死、挤死等群死群伤的严重后果。

2. 造成的社会影响大。火灾在给学校财产、师生生命安全造成损伤的同时,也会带来巨大的社会影响。

3. 特大火灾易发时间多在夜晚。有的寄宿制中小学采取封闭式管理,禁止学生随意外出,学生管理者为图省事,在学生就寝后将宿舍楼出口上锁。凡此种种,一旦深夜发生火灾,人员疏散混乱,极易造成找不到逃生出口而酿成灾难的后果。

二、发生校园火灾的常见原因

1. 违章乱拉临时线路,并靠近易燃或可燃物,绝缘性能低,短路造成火灾;

2. 违章使用大功率电器或电气设备老化,造成电路超负荷引起

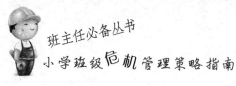

火灾；

3.焚烧垃圾等杂物，失去控制或遗留火种，引燃周围可燃物造成火灾；

4.寄宿学生在宿舍床上点燃蜡烛，不慎引燃周围可燃物造成火灾；

5.学生违规带火种或易燃易爆物品，如：打火机、鞭炮等进校园，随意乱燃引发火灾。

6.实验课中违反实验操作规程，导致电气设备或线路超负荷造成火灾；

7.建筑物或设备接地不良，雷击引起火灾。

8.学校防火安全宣传教育不到位，师生员工缺乏逃生自救训练是难逃厄运的主要原因之一。

因此，加强校园用电用火安全教育，规范管理、定时检修、及时发现隐患应是常抓不懈的工作。

三、校园火灾预警与应对中教师的注意事项

火灾发生时，最重要的是保证学生安全。作为班主任，不但自己在日常工作中应多积累有关防火、救火、救人的知识与技能，还可充分运用广播、网络、黑板报、宣传窗等不同媒体，以讲座、竞赛、展览等形式组织学生学习有关自我保护的知识和应急自救的办法，开展消防灭火自救培训，并进行以班级为单位的疏散练习，熟悉疏散线路，进行自救逃生练习。教育学生发生火灾时能够做到：①遇事不慌，头脑冷清。②判明情况，思考对策。③积极自救，互帮互助。④听从指挥，有序疏散，切忌恐慌混乱，相互践踏。

一旦校园内或教学楼中发现火情后，班主任一定要保持冷静，明辨方向和火势大小进行恰当的决策。如发现火势很小，可用灭火器、自来水等在第一时间灭火，同时呼喊周围工作人员参与灭火和报警，用消防器材力争把火控制、扑灭在初期阶段。如发生重大火情，就要稳定学生情绪，引导安全疏散。疏散时班主任需查清现场是否有遗漏人员，并提醒学生用衣物等捂嘴，防止烟雾中毒。到安全地点后，可由班长协助教师清点本班同学人数，并及时上报给班主任，这时班主任需尽力安抚学生恐慌情绪，并将本班情况及时上报。

【应对指南】

火灾事故的班级安全预案

一、成立班级领导小组，由班主任、班长、各小组长构成，认真执行各自职责。

二、积极开展预防工作

1. 加强安全教育，提高学生的消防意识，做到人人知消防，人人重消防并掌握逃生方法。

2. 班主任需教育学生爱护并学会正确使用消防器材，将防火、灭火建立在科学的技术保障条件下，可将事故消除在萌芽状态。

3. 加强检查，发现班级内部及附近存在火灾隐患要及时整改。

4. 保持疏散通道畅通，不堆积杂物。

三、处理程序

一旦发生火灾，一般应按下列程序处理：

1. 打"119"电话报警，同时上报学校相关领导。

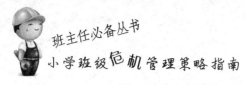

2. 按照平时消防演练逃生的线路迅速疏散。

救人是第一原则,当事教师应在第一时间有序地组织学生疏散转移。火灾发生时,由于有烟气,能见度差,现场指挥人员应保持镇静,稳定好学生情绪,维护好现场秩序,组织有序疏散,防止惊慌造成挤伤、踩伤等事故。同时注意利用现场的有利条件,快速疏散。下层着火时,楼梯未坍塌的采取底姿势迅速向下,有条件的可用湿毛巾堵住嘴鼻、用湿毯子披围在身上从烟火中冲过去。如果教学楼较高,着火时疏散较为困难,因此更需要指挥者沉着冷静,提醒学生不可采取莽撞措施,按照出口的指示标志,尽快从安全通道和室外消防楼梯安全撤出,切忌用电梯或跳楼。若火势确实较大无法逃生,可躲到阳台、平台或关闭房门用湿毛巾堵塞门缝防止烟火进入,并用水浇湿房门,等待救护人员到来。火一旦在身上燃起,应尽快把衣服撕碎扔掉,切记不能奔跑,那样会使火越烧越旺,还会把火种带到其他场所。如果旁边有水,立即用水浇洒全身,或用湿毯子等压灭火焰,着火人也可就地倒下打滚,把身上的火焰压灭。

3. 物资疏散:火场上的物资疏散,目的是为了最大限度地减少损失,防止火势蔓延和扩大。首先疏散的物资是那些可能扩大火灾和有爆炸危险的物资。例如起火点附近的油桶、堵塞通道使灭火行动受阻的物资等。

4. 如有伤者,要及时送医院救治,如学生受伤,要及时通知家长。

5. 教师带学生撤离到离火灾较远的空地上,稳定情绪,清点人数,并阻止学生再入火场。

四、善后处理

火灾后,如班中有知情者可配合消防部门调查起火原因,提供证据。如事故责任在本班师生,则认真反思检讨,开展深入教育,防止类似事件再次发生。

※安全小贴士※

消防员告诉我们的逃生自救秘籍:

1. 火灾袭来迅速逃生,不贪恋财物。

2. 不要慌乱,判断可以走通的逃生路线。

3. 受到火势威胁时,要披上浸湿的衣物等向安全出口方向冲出去。

4. 穿过浓烟逃生时,要贴近地面,用湿毛巾捂住口鼻。

5. 身上着火,就地打滚。

6. 不乘电梯从安全出口逃生。

7. 室外着火,不要开门,以防大火入室。

8. 逃生线路被火封锁,退回室内,等待救援。

9. 不要盲目跳楼,利用楼梯、阳台、排水管逃生,或把可利用的衣、物等撕成条状连成绳索,固定窗边,顺绳滑下。

※拓展视窗※

一项关于小学教师的安全防火教育活动以及防火意识的研究表明,大部分教师认为防火安全教育非常重要。但这些教师认为教育学生安全防火主要存在三个方面的困难:首先,66%的教师认为目前没有掌握足够的专业知识;其次,58%的教师还不确定应该给学生教授哪些方面的知识;最后,他们认为在课程安排中没有足够的时间安排防火安全的课程。该研究还显示,只有1%的小学教师报告曾经接受过系统的安全防火教育,只有12%的教师认为自己有能力或非常有能力对学生们进行安全防火训练。可见,对教师

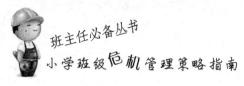

开展深入具有实效的防火安全教育和培训势在必行。

❀管理感悟❀

1. 必要的约束是一种保护。

2. 防火比救火更重要。

第三节　暴力袭击

【本节导读】

作为人为灾难的典型, 近年来, 恐怖袭击事件呈逐年增多的趋势, 这些袭击事件中, 有精心预谋为报复社会的, 有因个人心理问题失控导致的, 大到飞机撞大楼, 小到光天化日之下持刀杀人, 而其中发生在校园中的一个个恐怖事件, 让我们不得不相信, 恐怖袭击的威胁正慢慢地向校园中蔓延, 无时无刻不危害着学生们的安全……怎样在校园中保障学生的生命安全是个刻不容缓的问题。

案例:

2005年2月24日上午10时20分, 一名小偷行窃被发现后翻墙逃窜至与小区一栏之隔的江宁学校, 正是上午第三节课, 情急之下的小偷闯入一年级4班的教室, 劫持了一名小学生。10时30分, 接报警后警方第一时间到达现场, 与歹徒周旋。10时50分, 下课的音乐声并未响起, 接到校长指令的教师们已经增援每一个教室, 协助警方维护秩序、紧急疏散学生。事件发生后等在一年（4）班教室后门的班主任和几位老师或抱或挽，将37名学生安全撤离进二楼教师办公室，逃脱了魔掌的孩子们再也忍不住了，纷纷哭了起来。"别哭，别哭，老师知道你们都是最勇敢的孩子！""是呀，是呀。早就听说一年（4）班的同学最勇敢、最聪明，所以今天《小鬼当家》的特别节目录制特意选了你们班来拍。"办公室里的老师们纷纷停下手头的工作将孩子们叫到自己的身边，有的给他们擦眼泪，有的拿出饼干糖果招待，还有的找出故事书……孩子们将信将疑地止住哭声。当天最让大家揪心的是与事发教室临近的两个班级，因为事发地点是这两个班学生疏散的必经之路。紧张的气氛近似凝固一般，歹徒就在眼前，幼小的人质正被他夹住脖子，明晃晃的尖刀时刻在人质脖子前晃动。稍有声响，会不会因此引起歹徒的丧心病狂？此外，这些不明真相的学生疏散时如果看见事发现场会不会惊慌？一直在事发现场与歹徒周旋的班主任李老师尽可能引开歹徒的注意力，同时两个班级的班主任迅速进入教室与任课教师做好疏散学生的思想工作。"今天隔壁班级正在进行安全演习，为配合演习我们班的同学要进行一次安全疏散，请大家现在在教室整队，出教室后我们要蹲下身子，安静、迅速地经过一年（4）班……"还没等老师说完，一个小同学举起了手："老师，午餐还回教室里吃吗？""嗯，应该在其他教室吧。"老师对孩子说道。"那好，我要带上餐具。"面对天真的学生，老师不忍心将实情相告，担心引起孩子们的恐慌，纷纷尽自己最大的可能隐瞒着。一个班级顺利通过了，另一个班级也出来了，等在大厅里的老师们立即将孩子们带到安全区域。刚才一路猫腰出来的孩子们不由得兴奋起来，老师们连忙用手势制止。"嘘！演习还没有结束，刚才我们顺利地撤离了，但现在更不能暴露目标哟！"孩子们听完纷纷安静下来迅速撤离，被安置在小礼堂、语音室、教工食堂、阅览室等处。

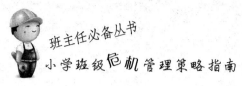

二年(1)班的学生跟随班主任刘老师从办公楼的楼梯紧急疏散时,不少学生向老师提意见:"老师,您走错安全通道了!"老师及时地表扬了他们,但又告诉可爱的孩子们,今天情况特殊,我们正在进行演习,一切行动要听指挥!孩子们这才释怀,听从老师的命令迅速从大楼内安静、有序地撤了出来,还小声地互相提醒着:"猫腰、快!"最终,老师和孩子都安全撤离到了教学楼外。

❀ **事件感悟** ❀

在劫持事件中,晓峰不幸成为歹徒劫持的人质。在等待警方救援的两个多小时里,他不仅没有哭闹,没有做徒劳的反抗,而且能够配合警方劝告劫持他的歹徒保持冷静,不要冲动。在被警方解救后,他的第一句话是"谢谢警察叔叔!"再见到班主任老师时,他还不忘解除老师的担心"老师,我没事,我没受伤!"在整个事件的过程中,他始终相信,坏人会被抓住,自己一定没事,事后他的身上没有出现由于受惊而产生的种种不良反应。参与解救行动的警方和领导对他做出这样的评价:勇敢、机智、镇定。

❀ **诊断分析** ❀

上述片断中教师们不约而同地对学生撒了个善意的谎言,"我们在拍《小鬼当家》,在进行演习。"谎言为的是保护学生的身体和心理的健康,人在面对外界压力和突发事故时的承受力有强有弱,因为年龄的关系,学生的这种抗逆能力明显低于成年人。为了避免孩子面对突发的危机身心受到伤害,教师用谎言来掩饰真相,同时避免了学生因惊慌而产生失控的混乱场面。事实证明,用谎言掩饰的做法是有效的,有效地配合了警方的救援行动,从而没有带来新的危险。提高师生心理的抗逆能力对解决危机作用明显,学校在平时的教育中要不断提高师生的心理健康水平,增强自信心与耐挫力,才能遇乱不惊,从容应对。

❀案例警示❀

在实际生活中,危机是一把双刃剑,它使人产生无法摆脱的困难而不得不中断正常的生活进程,也威胁到人的生活,给人的生活造成灾难,同时对人的生理、心理健康带来消极影响。但是危机是可以战胜的,一旦度过危机,就会获得人生的一个新的起点。学校教育要从发展学生、指导学生健康成长角度出发,积极开展危机教育。教育学生正确认识危机,只有端正对危机的认识,才有化解危机的勇气。当学生能够认识并战胜危机时,心理就会更加成熟,就能有信心和能力去面对生活。

【理论课堂】

学校不是一块绝对封闭的净土,它也会受到外界多种力量的侵扰。随着社会上不安全因素的增多,校园里也开始时刻警惕着威胁,它也会渗透影响到每个班级,因此,不仅是学校领导,班主任也应注意防范,随时准备进行危机应对。

一、校园发生暴力袭击的原因

校园发生严重的暴力侵犯事件,原因是多方面的,具体表现在:

1. 学校缺乏有效的突发事件应急处理机制。在重大暴力事件发生后,大部分学校没有应急预案的启动机制,管理者缺乏应对此类突发事件的经验,完全凭主观感觉来处理,导致了事态进一步严重化。比如有的学校试图减小社会影响就实施了信息封锁的办法,但这种处理方式却封闭了信息的流通,导致了谣言的产生,致使学生家长情绪的爆发和

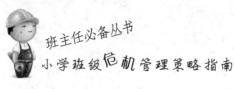

对学校的极度不信任。

2.学校安保措施出现漏洞。我国中小学校长期以来都缺乏必要的安保教育和安保措施，很多学校往往只请个老人守门，主要也是防止学生随意外出，并不具备防暴效力；有的甚至连门卫都没有，这种现象在农村学校更是普遍。反观几次的校园血案，几乎都是缺乏必要的校园安保，导致幼小的生命在遇到凶手残害之时未能得到及时和有效的救助和制止。

3.校园安全教育制度不健全。在很多恶性事件发生时，学生大都不知所措，或被震惊或被吓呆，几乎毫无反应能力，从而使得犯罪人更加从容和肆无忌惮地进行施暴，这暴露出了学校在日常安全教育中的严重不足，学生欠缺避险自救的能力。面对凶徒，即使无力做出有效反抗，至少也应该尽快跑开以躲避危险，教会孩子提高警惕，观察环境、辨别危险、躲避危险以及机智应对突发情况。这无疑可以最大限度地降低伤害。

4.社会矛盾导致攻击性发泄，校园成为报复对象。某些极端行动的犯罪动机表现为在挫折反应的非理智性的攻击性发泄，而且往往是长期对社会不满积怨而成，行凶暴徒之所以将屠刀举向小学生，就因为他们太柔弱、太稚嫩，没有任何能力进行有效的反抗，但社会不公绝不能成为将屠刀指向稚嫩的身体的理由！

二、校园暴力袭击的消极影响

发生恶性的暴力袭击案件，往往会造成学生伤亡的惨剧，而且会给亲历的学生乃至所有事件听闻者留下心理阴影。在一项调查中，对"孩子身边最容易出现的不安全因素"，学生与家长的认知有着高度的一致性,"校外人员的恶性伤害事件"居首。可见,恶性伤害事件对孩子造成了一系列的心理影响,需要对严重者进行个别辅导,对全体学生进行团体辅导,以减轻其心理危机程度。

【应对指南】

防范措施:

1. 各级各类学校针列自身实际制订反恐怖工作应急预案并成立反恐工作领导小组,加强师生法制教育、安全教育、心理健康教育和反恐怖教育,增强师生的法制意识和自我保护意识。

2. 严格执行门卫登记管理制度,严控外来人员进入学校。

3. 严格食堂用品采购、食品操作人员管理等制度,严防有毒、有害食品进入学校。

4. 严格管制刀具等危险物品的日常排查,防止发生危害。

5. 严密保护学校自备水源,防止投毒事件发生。

6. 严格值班和查宿舍制度,防止不法人员进入。

7. 对可能引起矛盾激化事件的当事人要逐一排摸登记,耐心接待,尽力做好化解工作。

8. 有组织地针对恐怖袭击手段进行反恐怖演练,教给广大师生自救和逃生的方法。

9. 使用好人防、物防、技防,并及时、准确地进行紧急报警。

应对举措:

一旦发生学校暴力事件,务必以保护学生的生命安全为主要目的,一般按照下列程序处理:

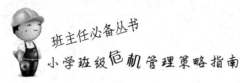

1. 报警。可按紧急报警按钮或拨打"110"报警电话。

2. 选派应急能力强、口才较好的老师、身体强壮的老师与犯罪嫌疑人周旋，对犯罪嫌疑人进行劝说，以拖延时间。

3. 保护有关对象及全体学生，将保护者护送到安全处。

4. 一旦发生伤害事故，以最快的速度将伤员送往就近医院进行抢救，并通知家长或亲属。

5. 将情况速报教育局。

6. 在警方的指导下维持秩序，配合警方调查，做好善后处理。

❋安全小贴士❋

实施暴力袭击的嫌疑人脸上不会贴有标记，但是如果学校附近出现有不寻常举止行为的人，需要引起学校保卫人员和广大师生的警惕：

1. 神情恐慌、言行异常者；

2. 着装、携带物品与其身份明显不符，或与季节不协调者；

3. 冒称熟人、假献殷勤者；

4. 在检查过程中，催促检查或态度蛮横、不愿接受检查者；

5. 反复在警戒区附近出现；

6. 疑似公安部门通报的嫌疑人员。

❋拓展视窗❋

在世界范围内，如何防范和应对校园暴力袭击事件也是一个让各国政府和社会民众头疼的难题。在很多国家，校园暴力事件已经成为现代社会普遍存在的问题。据统计，在1996年至2009年间，世界各地一共发生58起校园枪击案。那么各国都是怎样做的呢？

一、美国——设校园警察防患未然

美国绝大多数中小学的校园都没有围墙遮挡，属于半开放的状态。虽然如此，美国的中小学校园安全保卫工作其实很严格。在美国许多地方，要进入幼儿园和小学，必须先按门铃登记。外来者在学校活动的时候必须佩戴标明身份的标志，如"家长"、"志愿者"等等。来访人员在学校待的时间也有限制，对于来访者，美国中小学配备了一种名叫"计时徽"（Timebadge）的系统。安装这种系统的目的在于监控来访者在学校停留的时间。如果来访者停留的时间超过了限制，"计时徽"就会发出警报，提醒校方来访者该走了。美国中小学大都配有金属探测器，可以检测出匕首、枪支等金属武器，这对打算携带武器到校园寻衅滋事的不法分子是一个有力的震慑。还安装了一种名为"校眼"（SchoolLobby）的信息系统，不但可以存储老师、学生的相关信息，还可以通过学生随身携带的与"校眼"相配套的磁性卡随时定位学生，了解学生的安全状况。从2006年开始，美国的小学先后都配备了虹膜识别仪，此仪器是用来控制校门的，比较昂贵。学校老师、学生、家长及来访者只要在小学的安全网络中预留有虹膜记录，虹膜识别仪就可以自动打开校门。反之，只有和校警联系，才能进入学校。虹膜识别仪为小学安全插上了高科技的翅膀。此外，学校还尽力构建强大的社区安全网络，并且特别重视志愿者在维护学校安全中的作用。

除了依靠警力保障校园安全，美国的学校还致力于培养儿童从小树立安全意识与求生能力。美国的幼儿园教育经常通过灵活多变的手段增强儿童的安全意识。在户外活动时，为了培养孩子预测、判断、回避危险的能力以及探索、创新、自主的精神，教师允许孩子尝试各种他们自创的具有"冒险性"的活动。

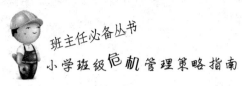

美国教育部门还设立了专款,帮助学校进行紧急疏散演练,训练孩子如何应对歹徒入侵校园这样的紧急情况。除此以外,学校还要进行火灾、地震等灾难演习。按规定,学校每个学年都要进行一到两次安全演习。

二、日本——"妈妈特工队"成守护神

近年来,日本各地发生多起幼童、小学生和老师在幼儿园、小学的校园里被非法闯入者杀死或杀伤的恶性事件。不断发生的校园凶杀事件导致日本学校不得不开始更加注重自身的安全,走向封闭。

从幼儿园开始,日本就有辖区派出所警察定期到学校巡查、开讲座,并通报近期治安动态,以加强对犯罪的威慑,增加孩子、家长和老师的安全感。校园门口配有校方的警备员、保安,在学生上下学时在校门口、交通路口维护孩子们的安全。

此外,日本的一些地方还组建"妈妈特工队",取代学校警卫队来保护孩子的安全。

三、阿根廷——商贩担任校园流动岗哨

阿根廷学校十分重视校园安全,与警方联手打造校园"安全网"。

2003年,阿根廷首都布宜诺斯艾利斯曾发生一起令人震惊的案件,一名叫卢西拉的中学生在学校附近遭到歹徒强暴并杀害。这起案件给阿根廷的校园安全敲响了警钟。布宜诺斯艾利斯和附近地区随后建立了一个由警察、交通安全人员以及商贩组成的"校园安全通道"。

在这个"校园安全通道"中,每到上学和放学时间都会有警察以及交通安全人员在校门口及附近地区值勤。在学校附近经营的商贩也被邀请加入校园安全体系,担当起流动岗哨的职责,协助警方密切关注校园门口的可疑人群。

四、俄罗斯——学生配发身份识别牌

2004年9月1日别斯兰事件发生后，俄罗斯政府计划采取一切必要措施加强全国中小学校的安全防范，其中就包括为中小学生配置类似军用的身份识别牌以及记录有学生身份和基本医疗信息的登记卡。类似军用的金属制身份识别牌可以放在登记卡里，也可以戴在脖子上，即使遭到炸弹袭击，该识别牌上的信息也不会丢失。登记卡主要包括学童的姓名、指纹、照片、家人资料以及基本医疗信息等，同时还有一些指导学生如何应对洪水、火灾、交通事故以及恐怖袭击等知识。目前，这一计划还在试运行当中，如果效果良好，将在全国范围内推广。

五、德国——学生学太极防身

德国的学校也面临着校园暴力和好斗学生不好管理的问题。为此，有些德国学校别出心裁地想出了貌似有些矛盾的点子——让学生们学拳击、太极，以此提高学生的自我防卫能力，也让他们在游戏中学会遵守规则和尊重他人。

❋管理感悟❋

人的生命和人身安全是至高无上的。对校园暴力的处理，应该首先考虑立即停止暴力的实施，查验是否有学生受到伤害，并考虑立即抢救受伤者，然后再考虑对暴力事件本身的处理。

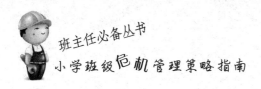
第四章　处理小学生不良行为的危机管理策略

☆ **本章导读** ☆

　　良好的行为习惯是小学生健康成长的积淀，为了对学生的行为产生良性导向，针对小学生的日常生活，教育部门出台了《小学生日常行为规范》，但是在我们实际的教育教学中无法保证每个学生每时每刻都在规范之中，就在教育形势日益发展的今天，小学生中出现了《规范》之内和其外的一些不良行为，这些行为直接影响到孩子的学业进步，乃至健康成长。小学生的不良行为带来的危机不容小视，这就要求每一位班主任老师提升应对学生不良行为危机的意识和本领。

第一节　班内学生间的吵架斗殴

【本节导读】

在同一个教室里学习的孩子们平时亲密得如同兄弟姐妹，一起上课、一起游戏，共同沐浴着阳光快乐成长，然而唇齿之间的摩擦也是难以避免的，也许因为一句挖苦的话语、一个讽刺的表情就可能在孩子之中掀起一场风波，在风波之中他们的情感面临考验，同时面临考验的自然少不了孩子们的班主任老师，如何化解危机，甚至变危机为教育时机就是老师们的重要考题。

案例1：

一节劳动课结束后，某六年级学生田某，因同学季某嘲笑自己的弟弟，便拿着除草的工具比画着吓唬季某，季某出于防卫抓起身边的拖布杆直击田某头部，脆弱的木棒折成三段，其他孩子吓傻了眼，有的跑去叫来了老师，老师满脸愤怒走进教室，但是看到散落在地上的木棒，还有两个呆呆的孩子，老师赶紧拉过田某，问他疼不疼，有没有什么反应？孩子缓过神来说没事、不疼，但是老师还是赶紧联系家长过来带孩子检查，同时自己安排好学生，跟教导处打好招呼准备先带孩子去医院，刚走到校门，田某的父母已经到了，田某一再和父母说自己没事，田某妈妈翻看这孩子的头发，也说没什么大碍，不用去医院，但是家长要求见见季某，老师不想任何一个孩子再受惊吓，婉言拒绝了田某家长的要求，并承诺季某的家长会给出交代。老师回到教室后赶紧找到季某，出乎孩子的意料老师没有劈头盖脸的批评，而是首先问了一句："你吓坏了吧？这样做很后悔吧？"1米67的大小伙子听了老师的话顿时热泪纵横，抽泣着点头。季某的父亲从外地匆匆赶回，路上还给田某家打了电话致歉，放学后带着季某买了水果去看望田某，这样，两个孩子也握手言和了。

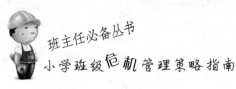
❈诊断分析❈

学生打架只是因为玩笑而起，田某平时个性比较张扬，但是其挥动铁锄的初衷也并不是要重伤季某，其中不免有恐吓的意味，而季某的错误判断和反应使田某受到了伤害，这也是很多小学生打架事件的原型，用小孩子的话，他们其中的一个人有点"装"。班主任老师在得知事情的第一反应是气愤，但是当他看到当时的局面，很快转变了态度，她把孩子的身体安全和心理健康放到了首位，及时带着被打的孩子就医，用反求诸己的方法良性的引导了打人的季某，且婉转地与双方家长沟通，使事件得以平息。

案例2:

五年级的文文和阳阳本是一对好朋友，一节自习课两人调皮被班主任老师批评，由于文文性格略微倔强，老师对其批评比较严重，而且一怒之下把孩子的座位调到了最后一排。二人的不同待遇让文文心生积怨，在校外的课后辅导班文文找了借口打了阳阳，有学生向班主任老师反映情况，老师回了一句"在校外发生的事我不管"。文文愈演愈烈，开始在班级经常找阳阳的麻烦，阳阳没太介意，但是另一名同学小旭看不顺眼了，小旭平时就爱打架，这天他还带来了管制刀具。文文得到消息后便借了手机给妈妈打了电话，文文妈来到学校哭哭啼啼说自己孩子的生命安全受到威胁，班主任老师这才开始调查，这件事在校内产生了很坏的影响，而且埋藏在孩子心中的小火苗仍未熄灭。在孩子发生矛盾后，家长的态度会继续影响事态发展的程度。

❈诊断分析❈

案例中的班主任败笔就在于太过感性，一气之下就调整了孩子的座位，使孩子陷入被冷落的思想怪圈，变得愈发顽皮；而有细心的学生向她反映文文在校外表现时她又忽略了孩子间的宿怨已经加深；针对家长，这位老师又未能就孩子座位调整原因加以解释，使家长对班主任老师的工作产生了意见。这些都是这场班级内部学生吵架斗殴事件的隐患，是由这位老师教育行为不当产生的。

❖案例警示❖

以上两个案例在日常工作中比较常见，其中折射出的问题也是小学班主任老师需要注意的，我们从中应该受到警示：

1. 当吵架斗殴事件发生后，老师首先要关注的是受伤的学生，以免造成对孩子身体的严重伤害，或者因治疗不及时导致伤情恶化；

2. 当问题比较严重时一定要及时联系家长，对家长进行安抚，引导家长善意地解决这个问题；

3. 集体中出现吵架斗殴现象势必影响班级其他学生的注意力，要有效组织其他学生回归正常教学秩序；

4. 如遇情节较为严重的吵架斗殴事件要及时向上级主管部门汇报，实现有效的沟通，缩小事件的不良影响；

5. 对动手打人的孩子也不要一味责备，事件允许的情况要调查事件的起因，了解孩子打架的动机，适当地安抚或者批评；

6. 在平时工作中不要忽视细节问题，对学生反映的不良行为要予以重视，可以把手伸得长一些，多了解孩子在校外的思想动向。

【理论课堂】

吵架斗殴，顾名思义，即互相争执，对对方有攻击性行为。攻击性

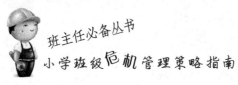

行为是指以口头的或身体的方式对他人身体、心理进行伤害的行为。用语言直接伤害他人，侮辱他人人格，使人丢脸，是攻击性行为；捏造谣言，诬陷他人等间接攻击他人心理，也是攻击性行为；用拳头、木棍打架同样也属于攻击性行为的范畴。小学生的打架一般都是些小打小闹，他们大多不会对其他人造成很大的伤害。而且多数都是同班同学，这跟他们频繁的交往有很大的关系。之所以他们之间出现打架行为，有着复杂的多方面因素的影响。

一、小学生吵架斗殴的原因分析

（一）心理因素

有心理学研究表明，小学生自我承受策略在年级水平上存在显著差异，即低中年级遇到同伴攻击时比高年级学生更可能采用自我承受的策略，小学生的自我承受策略在体力对比上也有显著差异，即体力小的儿童比体力大的儿童更有可能采取自我承受的策略；男性儿童比女性儿童更倾向于采取攻击型策略解决冲突，女性比男性更可能在冲突中采取使用求助他人或建设性解决冲突的策略。这也很好地解释了现实中我们发现的现象：小学阶段学生的吵架斗殴多发生在高年级，体力弱小的学生常常成为被欺负的对象，愿意用冲突解决问题的多是强壮的大个子男生。在男生之间发生冲突的较为多见，他们遇事往往控制不住情绪，极易冲动而爆发出不满的情感，开始争吵、互不相让，进而厮打，形成斗殴事件。

（二）社会因素

小学生自身的价值观不稳定，道德判断能力弱，易受社会不良风气的影响。看到社会闲散青年打架滋事，电视剧中常出现的打斗场面，小学生就会模仿。还有许多小学生爱玩网络游戏，当中不乏血腥格斗的镜头，这对小学生的性格也会产生负面影响，使得他们每当遇到矛盾就会想到用武力去解决。

（三）家庭因素

独生子女从小在家中唯我独尊，容易养成互不谦让、推卸责任、不主动认错的不良习惯，在与同学相处中，这些小毛病就成了酿成冲突的导火索，在班级这个大集体当中，发生一些小碰撞、小矛盾或小误会是很正常的，如果发生小摩擦互不道歉，矛盾升温就不好收场了。所以家长作为孩子的第一任老师，要让孩子树立自我保护的意识，但却要教育孩子不能动手打人，更不可主动去攻击别人，教给他们如何与人相处的技巧也很有必要。

（四）学校教育因素

学校班级中出现吵架斗殴事件是常见的，打架的学生也常是那几个不安分的，所以有些班主任形成思维定式，遇事不问缘由，总把他们视为惹事的祸根，在处理时也多采取训斥、找家长等老办法，结果与学生形成对立，收效甚微，屡教不改的学生依然经常闹事。教育方法不当易使学生产生不平等思想和报复心理，也不能从根本上认清打架的危害性和严重后果。

二、小学生吵架斗殴的危害

小学生一旦习惯于以打架的方式处理冲突，对其品德的形成、人际关系的处理乃至将来的发展都不利；打架导致的学生间关系紧张，班级氛围压抑，家校合作隔阂也给班主任工作带来困扰；现在的学生很多都是独生子女，学生的人身安全备受社会关注，学生打架不仅使学生

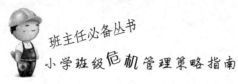

之间产生问题，而且对家长与学生间、家长与家长之间、家长与学校之间也会产生一定的负面影响，处理不好，矛盾升级，媒体曝光，学校声誉受损。因此，班主任在班级管理中对学生的打架现象应引起足够重视，辨清原因，对症下药，及时疏导，以免引发严重后果。

【应对指南】

1. 营造良好学习氛围、树立良好班级风气，引导学生团结互助。在集体中树立共同的积极的奋斗目标，形成良好的运作机制，组建小干部队伍，注重常规训练，训练的内容包括《小学生守则》和《小学生日常行为规范》要求的常规、课堂常规、集会和出操常规、卫生常规、劳动常规、参观常规以及路队常规等等诸多方面，使集体的凝聚力更强，学生之间更多团结互助，自然就更少吵架斗殴。

2. 培养学生正常的交流能力，能够和谐与人相处，敢于面对自己犯的错误，主动向人道歉。由于时代赋予孩子的尊重被大多数人误解，促使很多孩子的自尊心偏离了正轨，"对不起"三个字对他们来说是难以启齿的；而独生子女的优越性也是现在很多小学生身上体现出自私、"要尖儿"的特点，这就使孩子之间很难和睦相处，为了丁点的利益冲突就大打出手。其实很多时候，两个学生之间发生摩擦是很难分辨谁对谁错的，班主任老师可以分别谈话引导其认识到自身的不足，让学生敢于面对自己的错误，主动道歉，事态便可以朝另外一个方向发展了。

3. 提升学生的心理素质，强化学生的自控能力。当今社会儿童的心理承受能力普遍低下，入学前的独居生活使他们生活得十分优越，没有竞争、没有分享，当他们走进校园开始集体生活时，很多孩子会感到自己受到了侵犯,会因为小的争夺产生大的矛盾,或者因他人的有意挑逗而怒不可遏。班主任老师要适时引导学生形成集体观念,适应集体生活,提高自己的控制能力,增强自身的涵养。

4.增强教师自身的应急机制,合理处理紧急状况,遇到突发事件教师不能自己乱了阵脚,首先要阻止事件的恶化,分离冲突的双方。学生之间发生吵架斗殴会有受伤比较严重的一方,处理伤者是当务之急,以免造成对学生身心的更大伤害。对教师本人而言,还要会用平常心态看待小学生的吵架斗殴事件,注意保护学生情绪,切忌自己爆发,这对学生的影响是很不好的,抓住时机对当事人和其他学生进行教育。

5.掌控整个局面,视情况把问题内部消化,如需上报要逐级上报,涉及到家长出面,教师之前一定要做好协调工作。教育学生是教育工作者的本质,在学生之间发生矛盾冲突时,教师在息事宁人的基础上要展开对学生,乃至家长的正确引导,而这些的前提是冲突局面已经被控制。但很多时候,我们个人的能力毕竟有限,遇到比较棘手的问题就需要向上级部门请求帮助,且处理学生事件的经过也要向上级部门汇报。

❖安全小贴士❖

当学生发生打架事件时,情绪都异常激动,时常表现为当事人与肇事者情绪处在极度亢奋或对立的状态,面红耳赤,大口大口地喘气。如果教师此时采用严厉批评的方式来教育学生的话,无异于给这些学生火上浇油,不仅不能让学生意识到自己的错误,反而很可能让学生的情绪更加激动和恶

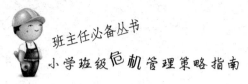

劣，而导致适得其反的结果。因此，作为班主任，首先应该保持头脑清醒，不妨让学生在此时单独冷静冷静，让他们坐坐"冷板凳"。过一段时间，等打架的同学情绪稳定下来之后，教师再来处理也为时不晚。

❋拓展视窗❋

法国小学生不良行为日益增多令人担忧

据《费加罗报》报道，近日香槟省一所小学的两位女教师在该校校园内遭遇两个年轻人袭击，起因是两位女教师曾经批评过他们的弟弟。通过这件事，人们意识到曾在不少初中发生的暴力事件已经开始在小学校园里出现。

社会学家乔治·弗迪诺（GerogesFotinos）对868位幼儿园及小学的校长做了一份调查，其中41%的校长认为近几年自己学校的风气有所下降：学生打架斗殴、辱骂他人、注意力不集中等现象增多。该社会学家向校长们推荐了一份校风评价指标，建议学生行为一旦超越最低界限，校方就应立即采取行动。

校园暴力观察所（Observatoiredelaviolencescolaire）所长埃里克·德巴尔彪（EricDebarbieux）称，尽管目前发生在小学校园里的暴力行为程度相对较轻，但却应该引起人们的高度重视。据调查，一个曾经多次遭受戏弄、侮辱、敲诈的孩子成人后的自杀倾向是正常孩子的四倍。

专家们指出，很多教师面对学生的不良行为感到束手无策，因此建议教师培训学院今后加强对教师这方面能力以及与学生家长沟通交往能力的培养。另外，法国教育部也将在网上公布校园里可能发生的危险行为，目的是引起老师、家长、校医们的重视，注意提醒学生并适时引导他们。

❀管理感悟❀

处理学生打架事件时,班主任应以理服人、言之有理、言之有据、言之有情,切勿高声责骂,或者在事件未清晰之前做出武断的判断。

第二节　与外班学生的矛盾冲突

【本节导读】

是教室把班与班的孩子们分隔开,是操场让他们大融合,往往人们用低飞的小鸟来形容操场上嬉闹的孩子们,因为他们是那样活泼可爱、那样快乐自在。然而就在这样的操场上也会衍生出矛盾,那可能就是学生与学生的"碰撞",这种"碰撞"有可能演化为班级与班级的"碰撞",小孩子的自控能力本就不强,再加上模糊的义气行事,一场发生在教室与教室之间的冲突便难以避免,这就要求班主任老师能够及时、恰当地处理学生与外班学生发生的矛盾冲突。否则,一旦冲突升级,对当事人、班集体,乃至学校都会产生不良影响,造成管理上的危机。

案例1:

五年一班赵某和五年二班杨某因第五节下课玩叠罗汉时发生冲突,第六节下课赵某在同班同学李某和赖某的伙同下冲进二班教室,用细长拖布杆和悠悠球袭击了杨的肩部和头部,由于当天老师未能及时发现,次日杨某

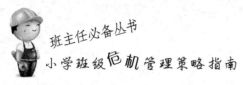

的父母清早便来到学校，虽对孩子的班主任老师忽视孩子大有不满，但其将锋芒直接指向了一班老师，一班的林老师也来得很早，从家长的言辞中她听出了些许，便找来几名班级干部询问了一下昨天下午的事件，接着给二班老师打电话讲述学校的情况，并请二班黄老师安抚家长，黄老师平时有些性急，且爱在家长面前摆架子，黄老师到了林老师才出面，她首先向杨某的父母道了歉，又对黄老师说"给您添麻烦了"，由于孩子班主任的到来，再加上看到林老师态度热情，家长的火气降了很多，黄老师说要将事情调查清楚，刘老师赶紧拦下："小孩子在一起玩难免磕磕碰碰，我们必须互相谅解，但是赵某打人肯定不对，我一定会批评他的，必须让他认识到自己的错误，为自己的冲动负责，但是，首要问题是看看杨某有什么不适没有。"接着她拉过杨某一阵安慰，得知杨某父母希望带孩子做头部检查后，林老师立即联系赵某家长，问其是否能及时赶到。孩子安然无恙，风波也慢慢平息。

❖诊断分析❖

案例中两个孩子打架的起因是游戏中的不慎摩擦，在热火朝天的游戏中，杨某顾不得赵某的呼喊嬉笑着压上去，遭受挤压的赵某认为杨某是有意的欺负他而心生怨恨，即便是一节课过后也仍不能释怀，在李某和赖某的支持下闯进二班的教室惹出此番事端。学生进入毕业季便对老师的监管产生防范，十二三岁的孩子大多数又脑子里充斥着"义气"二字，如果老师不细心就很难及时发现学生已经惹下了祸，就像案例中的老师，直到家长找上门来才知道发生了斗殴事件。这件事情处理得也算圆满，没在风头浪尖上开始调查事件原委，如果继续调查势必又勾起家长的火气，成功之处就在于林老师协调好了两方家长，且出现问题后能够放低姿态与同年班老师商讨。

案例2：

即将小学毕业的赵昕同学是个非常阳光的男孩，学习成绩虽然一般，但是比较受老师和同学的喜欢，这个懵懵懂懂的季节里他蠢蠢欲动想吃禁果，他心仪的女孩是邻班的悦悦，悦悦班级里也有男孩对她"芳心暗许"，怎么会允许外人"捷足先登"，所以对赵昕进行警告，警告无效便在放学路上堵截赵昕对其进行殴打，致使赵某重伤，未能参加毕业典礼。其实两位班主任老师对此事早有觉察，只是碍于关系到青少年成长的敏感问题，且是跨班的事件都没能深入处理，才使事态发展至此。

❉诊断分析❉

该案例中的事件比较严重，致使赵昕同学受伤并错过了珍贵的毕业典礼，且在学校周边也产生了不良的影响。现今大家对小学生的情感问题认识还不够，由于资讯的发达和人类文明的进步，孩子对感情的敏感度越来越强，其中不乏早恋事件，之前针对早恋老师们的对策大多是打压，由于对新的教育机制的理解偏颇，个别教师"出于对学生情感的尊重"而对这个问题避而不谈，就像案例中的两位老师，结果造成学生泥足深陷，越陷越深。且两位老师没有意识到学生会采取武力解决问题，产生严重的后果。

❉案例警示❉

以上两个案例中的打架斗殴事件都是发生在两个不同的班级之间，想这类的问题一般是比较棘手的，就好比进行一场外交活动，可能谈得拢，也

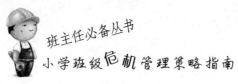
可能达不成共识，两个案例中涉及到的班主任老师都是相处得比较融洽，这是解决问题的前提条件，如果班主任老师之间不能协调好，那么孩子之间的问题就只能进一步扩大化，我们从这两个案例中也能得到一些启示：

1. 教师要引导学生做正当游戏，遵循游戏规则，注意保护其他同学人身安全；

2. 遇到问题要先保护好自己的学生，不能失去孩子的信任，当然，保护不是庇护，取得孩子的信任才能了解事件的本来面目；

3. 在追究责任的时候要先针对自己学生的不良行为进行批评，以博得对方班主任老师的认同，因为班主任有一种本能就是"护学生"；

4. 要善于掌握学生之间微妙的关系，恰当处理青春期孩子的思想波动；

5. 对待家长的态度要随和，要体谅家长爱子受伤的心情，待其情绪稳定再与家长剖析利弊，研究解决方案。

【理论课堂】

在操场上快乐的活动中也隐藏着不同班级之间学生发生吵架斗殴的危机，就像案例一中提到的斗殴事件，就是从一个游戏开始的，学生与外班学生发生矛盾冲突的原因很多，大扫除中的边界问题、运动会上的得分问题、财物的借用问题等等关乎个人得失、集体利益的问题都可能成为学生与外班学生发生吵架斗殴事件的起因。

学生与外班学生发生矛盾冲突，根据冲突对象划分，主要有两种情况：一种是与校外人员发生矛盾冲突；另一种是与校内学生发生矛盾冲突。

小学阶段学生与校外人员发生矛盾冲突的事件较少，但一经出现，情节会较为严重。如果是发生在学生之间，多发于小学高年级，高年级学生具有一定的独立思考能力和对社会问题的认知能力，但是这些能力都还不健全，就导致他们因意气用事发生冲突。还有一些社会上的闲散人员，抱着欺负弱小的心态到校园周边滋事，学生也可能与他们发生冲突。

　　小学生与校内同学发生矛盾冲突的情况也可以根据对象划分成三种：一是与同年级学生发生矛盾冲突，这样事件比较高发，因为同年级学生无论是在课间游戏还是在学习生活中都有很多交集；二是与低年级的学生发生矛盾冲突；三是与高年级的学生发生矛盾冲突。

　　学生之间矛盾冲突类型的划分看上去很直观，但是各种矛盾冲突发生都是受学生不同心理作用和不同情绪因素影响的。

　　1. 与和自己同年级学生发生矛盾冲突，双方学生属于"势均力敌"，双方学生互不相让，各执己见，都认为自己是正确的，对方是错误的，而且"我们没有必要怕他们，大家年龄相当，都是一个年级的"，甚至有的事件涉及到的学生人数较多，学生还会联想到两个班级的班主任老师平时也是因学习成绩较着劲地竞争而迁移情绪，争吵更激烈，使事件态势愈发严重。

　　2. 与比自己年级低学生发生争吵斗殴，高年级的学生就会有一种"恃强凌弱"的心理，对低年级学生无所畏惧，因为自己在语言的组织上要占据优势，吵架不会失败；身高体重略胜一筹，可能会先下手为强。经调查了解高年级学生与低年级学生发生矛盾冲突，高年级学生总会认为是低年级学生无理取闹，不懂事，或者"不守规矩"。

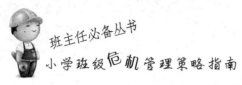

3．与比自己年级高的学生发生争吵乃至斗殴的学生持的是一种"大义凛然"的心态，也是受一种强烈的虚荣心影响，在小的事情上就开始绝不让步，摆出一种"英雄不畏强大"的姿态；也有的较低年级学生认为较高年级学生摆明是欺负自己，便分外地防御导致问题的不可开交。

【应对指南】

当本班学生与外班学生发生吵架斗殴事件的时候，班主任老师所面临的挑战更加严峻，因为其中不仅涉及到"自治"的内容，还要搞好"外交"。面对本班学生与外班学生的吵架斗殴事件，班主任老师首先要阻止事态的严重发展，尽自己的能力把学生之间的争斗"叫停"。如果遇到学生受到肉体上的伤害，不管孩子所属哪个班级，当事老师都要及时救治，使伤者得到良好安置。阻止了学生间的吵架斗殴，接下来就要处理事件，班主任老师切忌批评其他班级的学生，如果那样做会激起其他班级的学生的不满情绪，不利于事件的调查取证和和平解决；针对外班学生的批评教育必须要联合外班班主任老师，或者必要时候报告学校德育处、乃至报警。如果与外班班主任老师联合处理事件，则需要两位老师建立统一战线，互相配合，都能从公平、公正的角度以解决问题为目的合作。两人主要以安抚学生情绪为首要步骤，其次才是对事件的起因经过进行调查。班主任老师在调查分析后要给出恰当的结论，在息事宁人的前提下合理"审判"，使得学生心服口服。

为了合理解决本班学生与外班学生的吵架斗殴事件，班主任老师要担任多种角色，当分解吵架斗殴群体的"调解员"，救治受伤学生的"一医护人员"，评理定夺的"审判长"等。这些角色的担当无一不考验着班主任老师的水平素质，也无一不给班主任老师的教育教学工作造成不必要的麻烦。为了减少由于学生与外班学生吵架斗殴而形成的额外的工作，建议班主任老师在对学生的情感教育上注重以下几个方面：

1. 团结本年级学生。一个年级的学生属于一个大家庭，在合作与竞争中齐头并进，可以通过开展一些孩子们喜闻乐见的小活动增强这个大集体的凝聚力，在每个班级里树立文明礼仪标兵，通过班主任的影响力提升他们的威信力，在校标兵起到模范带头作用，使班级与班级之间气氛更加和谐。

2. 关爱低年级弟弟妹妹。由于现在的小学生多为独生子女，在"4-2-1"的家庭中备受宠爱，都会外显出一种自傲和冷漠，但是在孩子的内心都是充满了关爱和热情，他们不知道该如何表达对他人的热心，作为孩子的"解惑者"当然要引导孩子懂得关心他人、照顾他人。小学生能够主动关爱低年级的弟弟妹妹，包容他们、帮助他们，不但有利自身的健康发展，也会大大降低与低年级学生发生争吵斗殴事件的几率。这种情况若能上行下效，在一个学校延续下去，这个学校的校风必然变得更加积极向上。

3. 勇于承担责任，正确对待班级荣誉。对于班级所承担的劳动任务还是学习任务都要全力以赴地去完成，为了班集体的荣誉个人可以付出更多的努力，不要过于计较客观上存在的差异和边界上的问题，如在值周检查的时候经常出现两个班级交界处留下一条无人清扫区，面积都小得可怜，两方值日生却各执一词，都说那一块地方是对方班级的不肯去清扫。如果班主任老师在日常的教育引导中多进行担当的教育，孩

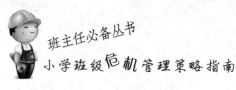

子也就会少一些争端了。

❖安全小贴士❖

班主任在预防和处理学生打架事件时要从爱护学生、教育学生的角度出发，处理学生打架的过程中要细致耐心，全面了解事件的原委，明确是非，做到公开、公平、公正，以理服人。并且不能害怕"问题"学生，畏惧家长，处理问题瞻前顾后优柔寡断，必要时对相关学生进行适当处罚，要"对症下药"、"因材施教"。

❖拓展视窗❖

同伴冲突解决策略是个体与同伴之间发生冲突时，为避免冲突情境引起的伤害和威胁，经过行动上和心理上的努力，而采取的一种行为方式。随着年龄的增长，儿童社会化水平有所提高，因此他们在冲突中越来越倾向于使用问题解决策略。年龄较低的儿童还没有形成和掌握良好的人际交往的技能和方法，他们往往只站在自己的立场上考虑问题，并按照自己的好恶处理冲突，或是不知所措，寻求成人的帮助。但随着年龄的增长，儿童越来越倾向于自己解决与同伴之间的矛盾。变化最明显的时期是在4-6年级，说明小学4-6年级是应对方式发生重大转变和调整的时期，也是心理发展的关键性转折期。

❖管理感悟❖

班级同学之间的关系很大程度上会受到班主任的影响，作为学生的示范者，班主任处理班级关系的做法对本班学生有一定的暗示作用。加强班级同学的团结，可以通过活动增进联系，扩大他们心目中集体的概念，尤其是在同年组中，班主任们会受益很多。

第三节　逃　学

学校是孩子幸福的伊甸园，他们一天中大多数时间都在这里学习、游戏，然而当学习要求日益被满足、学习压力不断增加，或者校园内的人事物让学生感觉不快时，他们便会认为"外面的世界更精彩"，进而开始错误的追求，悄悄地背着老师同学走出校园或者直接就不走进校园来，开始自己的逃学生涯。逃学不是新鲜的名词，但是随着社会的变革，逃学所带来的危机却愈演愈烈，逃学的孩子首先是学习成绩下降，心理成长扭曲，还有可能接触校外不良之人，乃至走失、被人拐卖等。这些都是做班主任老师所不能承受之痛，所以我们也要努力避免这些危机的产生，及时阻止此类危机的恶化。

案例1：

在悠悠球风靡一时的那段时间，某校六年级三名学生悄悄翻墙溜出校园，一节课过后，班主任老师接到校外某超市电话，说几名学生偷了超市的悠悠球，商家称因为三个孩子来自同一个班级且当时属于上课时间，所以就直接联系班主任了。无奈之下，班主任老师请假出校园将孩子领回。

❖诊断分析❖

逃学这种不良行为在小学生中有一定的发生率，孩子"逃出"校门很多

111

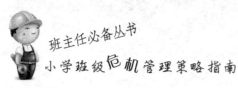

时候是受到了外界事物的引力作用，有的迷恋网络，逃学去网吧，家长老师常常要去"众里寻他"；案例中的三名学生是贪图玩具，在课间偷逃出去，结果干坏事被抓了现形，班主任老师还要出面"保释"。逃学是学生缺乏自制力、漠视规章制度的反映，一旦形成习惯，对其成长非常不利。

案例2：

除了要从校门里往外"逃"的，还有压根不想进来的。某校四年级一班新学期转进一名男同学，经过长期观察老师发现该生经常星期一不来上学，正当老师觉得怪异时，有学生反映，该生前一天晚上还活蹦乱跳地玩到很晚呢。老师家访了解到，该生属于留守儿童，与姥姥一起生活，痴迷游戏，自然也不爱学习，但是生性胆小，双休日的作业他总是完不成，所以星期一经常无声无息地就不来上学了。

❖诊断分析❖

案例中的孩子只因不爱完成家庭作业而患上了"星期一综合征"，这种不被医学认可的病症正在渐渐蔓延，是班主任老师要面对的疑难杂症之一。

❖案例警示❖

1. 引导孩子形成正确的价值观，懂得做人不能不劳而获，就像不用心学习就不会取得好成绩一样；

2. 通过平时的思想教育使学生树立很强的组织性和纪律性，使其知道在上课时间未经老师允许走出校门是错误的；

3. 要增强个人魅力，吸引孩子的注意力，使学生喜欢在学校读书；

4. 一般来说，逃学的孩子多是学困生，他们因不同原因学习成绩不高，在校很难产生成就感、满足感，教师要更多关注学困生，挖掘其闪光点，帮他们树立自信；

5. 一定要与家长积极联系，以掌握逃学学生的具体动向，首先要确保其人身安全。

【理论课堂】

逃学是指学生在正常上课期间，在老师未发现的情况下，离开学校。小学生逃学行为的产生与外界的影响有着密切的关系：

1. 社会的影响。在市场经济日益发展的今天，读书无用论悄然兴起，社会上很多人宣扬发财不是靠文化，那些上学时候学习好的人多数都在给学习不好的人打工；还有就是"富二代"和"官二代"这样的称谓让很多人觉得靠奋斗成功是遥遥无期的。这些思想都影响着小学生，使得孩子学习动力不足，学习兴趣下降，不喜欢继续在学校里学习。

2. 学校的影响。校方为了提高学生学习成绩，提升学校知名度，忽视了学生的全面发展，本应丰富多彩的小学生活变得枯燥无味，且学生的学习压力极大，只是孩子心情压抑，小学生的认识需求在学校里得不到满足。

3. 家庭的影响。在社会发展的转型期，每个小家庭也都展现了不同的特征，对孩子的要求也是不同的。有的父母过分溺爱孩子，不限制孩子的经济支出，纵容孩子，孩子责任感差；有的父母对孩子的期望过高，过于严格地要求孩子，为孩子增设各类课外补习，紧盯着孩子在学校的成绩不放，使孩子感觉压力过重；还有很多年轻的父母不能给孩子

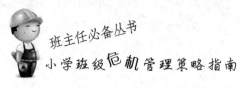

提供一个完整的家庭,使孩子缺失父爱或者母爱,从心理上封闭自己,不爱上学。

以上都是小学生逃学的客观影响因素,从小学生自身来讲,他们经常会因为贪图玩乐、害怕困难和不想承担责任等原因逃学。为了避免受到责罚,小学生还会编造各种逃学的借口,如生病、学校放假等。

【应对指南】

逃学是学校教育中的一种"病理现象",其结果往往导致辍学,并常常同违法犯罪行为紧密相连。多次逃学的学生可能会养成习惯性逃学,与集体相隔疏远,对老师和同学相抵触。逃学也为学生产生严重不良行为提供了机会,因为这种学生正是坏人教唆犯罪的对象,尤其是认知水平还很低的小学生。

所以一经发现学生逃学,班主任老师要及时通过各种途径找到孩子,联合家长对孩子进行说服教育,可以从以下角度开展对学生逃学行为的矫正:

1.了解逃学原因,解除孩子内心疑虑。当逃学的孩子被唤回,班主任老师要平心静气地与孩子沟通,让孩子说出逃学的原因,给孩子讲清逃学的危害,并直接表达出自己对孩子的宽容的态度,让孩子感受到回归的温暖,不要严厉批评学生,使孩子对校园产生更深的抵触情绪。

2.吸引学生注意力,斩断学生再次逃学的想法。转变教师自身思想,以学生为主题进行教育教学设计,可以针对逃学学生设计几个小环节,吸引学生的注意力,让他在校园里也觉得自己有"用武之地",不必非得逃学实现自己的想法。

3. 小组带动，家校联合。在小组编排是可以把逃学学生进行特殊的安排，选择几个品学兼优、乐于助人的学生对其进行带动，引导家长用恰当的态度对孩子进行教育，同时加强对孩子课余时间的监督，带孩子做有意的事。

防胜于治，避免学生逃学就要使学生爱上学。首先，班主任老师要使孩子树立正确的学习观，学习不仅仅是通向成功之门的必由之路，还是每个人修身养性的必然过程，学习是快乐的，当求知欲被满足、疑难问题被破解，学生所获得的成就感是难以用言语形容的。其次，要转变家长的唯成绩论观念，要关注学生的身心全面发展，结合学生认知水平和思维能力水平恰当的施以压力，不至于让孩子产生大的落差。学生的逃学不是没有任何征兆的，逃学一般表现为群体行为，这些逃学学生组成的小群体都是有着共同志趣的孩子，如果教师能够及时发现小孩的"出轨"行为，就可以及早制止逃学行为的发生。

❖安全小贴士❖

如果学生逃学离开校园，且时间没有太久，在寻找孩子的时候，可以针对的场所主要是游戏厅、玩具卖场和网吧等娱乐性质较强的场所，班主任老师可以根据逃学学生的个性做出最快速的判断，尽快找到孩子，以避免更大危机的出现。

❖拓展视窗❖

德国关爱逃学学生

据德国"青少年研究所"所作的一项调查，在今日德国，经常逃学的中

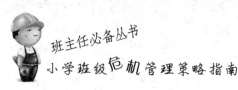

小学生多达50万人。更糟糕的是,逃学者开始逃学的年龄也越来越小:约占三成的逃学者是在12岁到14岁之间开始逃学的,而不到12岁时就开始逃学的在每10小学生中就有1名,甚至在年仅7-8岁的小学低年级孩子中,也出现了前所未有的高比例的逃学者。这些孩子不仅荒废了学业,而且将来很难找到工作,在社会上还极易受到坏人的引诱,最后很容易沦为对社会具有巨大破坏力的罪犯。实际上,逃学已成为影响德国社会方方面面的棘手问题。在如何对付如此之多的逃学者上,社会也往往显得束手无策,无奈地动用警察即是一个例证。仅在巴伐利亚州,去年警察就"抓获"1900名逃学者,比上年增多400多名,有些甚至是被警车"押送"回校的。巴伐利亚州内政部一位发言人表示,他们之所以出动警察,主要是因为逃学者"实在太多"。

在一些儿童教育专家的倡导下,许多城市开展了"关爱逃学学生"运动。法兰克福市让"爷爷奶奶协会",而不是警察局,领导了帮助逃学孩子重返课堂的活动。老人们先从自己家庭做起,检查孙儿孙女是否经常逃学,同时还关注自己居住的街区或社区是否有孩子逃学,一经发现,便紧追不舍。据悉仅在最近一年中,老人们便成功地将560多名逃学者送回了学校。更值得一提的是,老人们并不只是简单地将逃学孩子"扭送"回学校就完事,而是对这些"迷途的羔羊"动之以情、晓之以理,还帮助他们补课,以便他们能尽快地赶上同班同学。正是在白发苍苍的爷爷奶奶的感召下,越来越多的逃学孩子迷途知返,回到了学校温暖的怀抱。

我们的班主任和家长经常会为学生逃学而头疼,而德国家校合作、全社会总动员的做法对我们是一个很好的借鉴。

每一位教师都希望自己有扎实的教学基本功,坚实的理论基础,蓄势待发的满腔热情,得体而不俗的穿着打扮,美妙动听的声音,落落大方的举止,文明有度的手势,或者一个善意的笑容,一个赞赏的目光……这些都是我们给学生好印象不可缺少的因素。正是这些因素,塑造了教师人格魅力,吸引了的学生注意力,这也是我们能阻止学生逃学的主观因素。

第四节 偷拿财物

【本节导读】

"老师,我的东西不见了!"在班级里时常能听到学生这样来报案,零钱、文具、新奇的小玩意等是失窃频率较高的物品。所以在小学班级里班主任经常会被迫处理这样的事情,一个孩子的物品明晃晃地被另外一个孩子拿走占为己有,或者无声无息地消失在教室里,当失主向班主任老师求助后,老师便开始想尽一切办法调查取证,然而丢失的财物有的能"完璧归赵",有的却下落不明。财物在教室中被盗,让老师们不得不花费大量时间去"侦破"案件,还要耗费精力、体力,乃至情感投入,而这类事件会在孩子心中形成阴影,有的小孩还会互相猜忌,破坏了这个集体的凝聚力,这种学生偷拿财物的行为致使班级管理道德危机的出现。

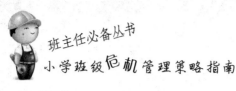

案例1：

程程是一名小学五年级学生，但他比同班的同学要小一岁，平时大家很关照他，他自己在生活方面也很好强，会很热心地帮助同学、很积极地参加劳动，一天午休过后，小晴同学向老师报告说自己放在书桌里的7元钱少了5元。经过调查，这天中午在教室打扫的是程程和另外两名女同学，三个孩子都在尽力为自己解脱，通过他们的描述老师已经锁定了目标，但是老师没有将自己的判断表现出来，话锋一转就继续讲课了，下课以后老师悄悄叫程程来到办公室，两个人一阵低语之后，孩子从袖口里掏出5元钱交给老师以后快活地走出办公室，另一位同在办公室的老师放下手中的作业本，忍不住问这位老师又和孩子说什么了，因为刚才师生的交流她完全没有听到。对于程程的引导，老师是根据个体的特征，因为这孩子本性纯良，而且特别爱老师，老师让孩子坐在身边，自己伏在桌上、表现得十分疲惫，对他诉说着自己这一节课过得如何辛苦，要一边讲课一边思索着5元钱的问题，"拿了钱的小孩心里也一定不舒服，既让同学伤心，又让老师着急啊，而且自己心里也一定很忐忑不安。一定后悔极了！如果他想要舒服一些，老师最愿意帮助他了！老师一直都是这样做的对么？其实看到金钱，我们每一个人都很难抵御诱惑"，老师还半开玩笑地说："小晴也是不听话，明晃晃的把钱放在那，这不是引人犯错误嘛！学习任务这么紧，他还给老师添麻烦！"程程理会了老师的用心，也许更是体量到了老师的辛苦吧，把钱交给了老师，他满脸愧色，老师微微笑道："为什么还留两块钱啊？是不是怕小晴晚上没钱坐车回家啊？"孩子点点头。"真是善良的坏家伙！"小伙子看着老师的笑脸自己也羞涩地笑了，老师直起身来拍拍他的肩膀："这个过程很折磨人吧！赶紧出去玩，找回快乐的自己！"

❖诊断分析❖

小孩子在面对利益诱惑的时候抵抗力是极其微弱的。就像幼年儿童面对美食一样，小学生见到喜欢的文具或者是他人暴露于外的零花钱便很有可能想要据为己有，如果先去配合，那么班主任老师就要变身黑猫警长来侦破失窃案了。案例中的程程是个本性善良的小孩，他甚至都不知道自己拿了钱要去买什么，就那样把小晴同学的钱塞进了自己的袖口，显然程程的班主任老师很了解孩子的个性，使用情感攻势将他拿下，这也算是顺利破案吧。

案例2:

某城乡结合部小学五年级班主任武老师在自己的教室里丢了钱包，里面除去多元现金，还有很多重要证件和银行卡。遇到这样的事情，作为班主任老师除去恼怒，心中难免更多惆怅。经过几天的观察和盘问，武老师已经有了自己心中的答案，但是确实是一点证据也没有，怎么能甘心哪！武老师开始淡化这个事件，但是暗中仍在寻找证据，过了几周他发现张鑫同学特别阔绰，他便找到张鑫拜托他帮自己找回钱包，因为钱包里面也太多重要的东西，几天后有学生在草坪上捡回了武老师的钱包，当然里面的现金已荡然无存。武老师找到张鑫的父母向他们渗透这件事情，没想到得到了家长的认同，家长也觉得孩子最近举动有些异常。经过老师和家长的联合感化，孩子终于承认是自己拿了老师的钱包，因为平时同学都有很多零花钱，还有几个"好哥们"经常请他的客，当他看到老师的钱包鼓鼓地放在桌上就没忍住，而事后又不敢承认，钱也是等了好几周才敢拿出来花的。张鑫的父母

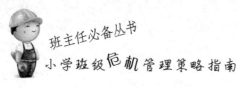
后来告诉老师，孩子以前有好几次从家里偷拿过爷爷奶奶的钱，可是除了打他一顿也没有更好的办法。

❖诊断分析❖

这个案例相对来说就复杂一些了，笔者认为武老师首先犯了一个错误，就是把财物外漏。孩子若没有偷拿的意识便罢，若有，他是无法抗拒金钱的诱惑，尤其是现在由于家长的疏忽，很多孩子都有从自家长辈的钱包拿钱的习惯，恰巧张鑫同学就有这样的习惯；班级出现财物被偷的不良事件，总是让老师们很头疼，武老师自己丢了钱更是头疼，但是她能够使用缓兵之计，且做了长远打算，用真情感化了孩子，找回了自己的钱物，也找回了孩子的自尊。

❖案例警示❖

当孩子出现了偷拿他人财物的不良行为的时候，老师一定要首先保护好犯错误的孩子，不要使他的身份曝光，通过对他的了解进行有针对性的突破。当目标很难捕捉的时候，教师一定要沉得住气，进行比较周密的调查和长期的观察，切忌将自己的火气表露出来。

【理论课堂】

心理学家认为，偷拿行为在不同年龄阶段的儿童中有不同的含义。儿童3岁以前拿别人的东西是正常的反应；5、6岁时虽可谅解，但需要引起重视；7、8岁以后如果经常拿别人的东西，就不可等闲视之。作为一种过错行为，偷拿行为往往是偷窃等品德不良行为的开端，是品德不良的前奏。任其发展，将可能成为严重的品德不良，甚至犯罪，因此，应受到教师和家长的高度重视，尤其在低年级阶段，打下良好的道德基础尤为关键。

一、小学生偷拿行为的成因分析

（一）小学生自身道德发展水平所限

小学生尤其是低年级学生道德发展水平的显著特点之一，就是他们有两个道德标准，即公开承认的标准和他们的实际标准。公开承认的标准是别人认为的优良品质，如果他们能表现这种品质，别人就尊重他们。因此，当这两种标准发生分裂时，儿童就会遭受到做他们真正喜爱的事和做他们知道将会赢得别人赞许的事之间的冲突的痛苦。儿童还不能够自觉地运用这些道德规范支配自己的道德行为，当道德规范与他的自我需要产生矛盾时，尽管也知道拿别人的东西是不对的，依然违背道德规范，满足自我需要和自我喜好。

（二）同伴的不良影响

同伴是儿童社会化过程中的重要他人，在儿童的发展和社会适应中起着重要作用。由于同伴之间在生理和心理方面处于相似的水平，他们在交往过程中心理上相互影响，行为上彼此模仿，并将其内化为自己的习惯性动作。当儿童看到同伴的偷拿行为没有受到惩罚，或他们受到的惩罚远远小于偷钱所带来的利益时，便也会试探性地产生偷拿行为。有时即使清楚地知道不对，但为了能被同伴接纳，不仅不会揭发、拒绝同伴的不良行为，而且还会模仿他们，表现出和同伴相似的行为，以表明自己的立场，这常出现在中高年级的小学生中。

（三）教师的教育行为不当

有调查表明，在众多的问题行为中，教师认为"不道德"是最严重

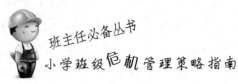

的,而偷拿行为在学校里往往被教师归入道德意义上的偷盗。这种认识上的偏差使许多教师对小学低年级学生的偷拿行为采取较为极端的教育方式,给他们贴上"小偷"的标签。"标签理论"告诉我们,给学生公开贴上"小偷"的标签,会导致学生产生一种越轨的自我意识,促使学生自暴自弃,走上自我堕落的道路。教师给学生贴上"小偷"的标签的教育行为,背离了教育的伦理性,是一种"反教育"的行为。

(四)家庭教育的纵容

当前我国小学生多为独生子女,家庭教养方式多呈现溺爱的特点,溺爱型家庭对儿童有较多的温情和接受,经常对儿童让步,较少利用权威控制儿童,对儿童的成熟行为要求较少,主张让儿童自我管理。溺爱型家庭对于孩子提出的要求,无论其正当与否,一般都给予满足。欲望的过度满足一方面纵容了孩子的自我中心,另一方面导致了孩子的欲望膨胀。当家长无法满足孩子无节制的欲望时,孩子极容易通过不正当的方式,如偷拿来满足自身的欲望。

由此可见,小学生出现偷拿行为是多种原因所致,班级里一旦发生学生偷拿他人财物的事件,班主任一定要正确看待,慎重处理,否则不但会引起班级学生的恐慌,造成孩子之间互相猜疑,致使班集体的凝聚力下降,还会伤害犯错误学生的自尊,使他(她)被同学耻笑排斥,容易导致自暴自弃,品德扭曲,贻误成长。

【应对指南】

出现偷拿事件,班主任老师不要轻易下结论,先注意转移学生的注意力,给偷拿者一段时间改正错误。有时出于好奇、喜欢的心理,把别人的东西"拿"走了，而"拿"走之后又比较后悔。因此，在出现此类事件时，教师切不可一概而论，要抓住偷窃学生担心害怕的心理，站在偷窃学生的角度去考虑问题，设身处地引领他走出来。宽容地对待他的行为，告诉他老师了解他的心态，知道他一时冲动才做出这件事的，知道他现在也比较后悔，希望他能从中吸取教训，尽快走出阴影，做回快乐的自己。孩子一冲动可能拿了他人财物，班主任老师可不能一冲动就定了孩子的罪行，如果遇到学生不能及时主动承认错误，老师要拿出耐心来等待。通过明察暗访确认对象，通过提点暗示给孩子机会，再通过情感沟通对孩子进行感化，总是让孩子自己"走"到老师面前，只要问题得以解决、财物能被追回，教师的此项工作就算成功一大半，教师要从宽处理偷拿者，保护其身份不被他人识破，并因势利导，让孩子反思"偷拿"后的心理煎熬，对今后的行为进行思考。

小学生偷拿他人财物的行为不是一朝一夕形成的，也不是短时间内能改变的，需要我们全面动员各方面的力量，调动一切积极因素，采取有效措施，形成校内外齐抓共管，建立学校、家庭、社会全方位的教育体系，作为班主任老师，应采取积极有力的举措来预防偷拿行为的发生：

1. 培养学生良好认知，明确"它的主人是谁"

由于小学生的年龄小，是非判断能力很弱，有很多孩子看见同学那里有自己喜欢的物品就悄悄地拿走，他们内心的用意是很单纯的，他们没有社会上的道德观的约束，拿了别人的东西还不知道是犯错，更不会考虑到有什么严重的后果。经常会遇到有些低年级同学拿了别人的铅笔、橡皮、尺子等物品之后并没有多想什么，就大模大样地在班级里用

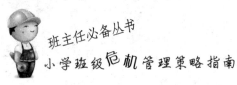

上了。认知也要从娃娃抓起，要在学生还小的时候就告诉他要明确"什么东西是谁的"，谁才是这件财物的主人，不是自己的东西不能拿。

2. 引导学生正视差异，明白不能不劳而获

孩子所用物品和所消费的钱财都是其父母劳动所得，这一点要让孩子懂得。每个家庭之间是存在差异的，也许是收入水平造成，也许受消费观念影响，那么学生所拥有的财物差别也就随之产生。所以班主任老师要引导学生正视他们之间存在的差异，不去攀比，明白做事不能不劳而获，不能偷拿他人财物。发现学生有偷拿别人物品的行为时，要及时和家长取得联系，和家长沟通时一定要讲究方法，本着解决问题的心态和家长商讨，得到家长的理解和支持，取得配合，要引导家长在力所能及的情况下满足孩子合理的要求，既不让孩子铺张浪费惹他人眼花，也不让孩子过于拮据而采用不当的手段获取别人的东西。

3. 从小事抓起，不忽视偷拿小节

有些学习用品如同"玩具"，对小学生来说是个诱惑，虽然它款式奇特新颖，但是却不是价值不菲，这样的小东西丢失了，学生向班主任老师汇报后，常得不到班主任老师的重视，这就在无形之中纵容了小学生的偷拿行为，可能最初的偷拿是出于无意识的，但渐渐就形成了不好的习惯，以致"小时偷针，长大偷金"。所以作为小学班主任，本来就烦琐的工作中必须增加这一项，就是重视小物件的丢失，不能忽视偷拿小节。

❋安全小贴士❋

班主任老师可以从低年级开始帮助孩子形成"这是谁的"概念。因为年幼的孩子活动范围只限于家庭中，从记事起他就发现，爸爸妈妈可以随

便拿他的东西,孩子也可以拿大人们的东西,根本没有什么所有权的概念。随着孩子接触面的扩大,他开始与家庭以外的人和事接触,这时孩子形成了"这是我的"概念,却还未形成"什么是别人"的概念,这一阶段最易拿家人或别人的东西。看见什么好、自己喜欢就想要据为己有,所以帮孩子形成归属意识越快越好、当然越早愈好,那样就可以在道德的约束下避免或减少学生偷拿他人财物现象的出现了。

❀拓展视窗❀

当孩子出现偷拿行为后,班主任应及时与家长沟通,汇报事发经过和处理情况,并请家长一起来配合教育。那么面对还不太成熟的孩子,家长应该怎么做呢?我们给出如下建议:

1.当孩子偷拿了别人的东西后,家长必须让孩子知道偷窃是错误的行为。还要耐心地与孩子进行交流,弄清楚偷拿的真正原因:是因为家人的关注太少、忽略了孩子的情感需求,还是出于好奇心理?是因为家庭不能满足孩子的物质需求,还是出于一种自我成就感?是孩子不懂得所有权的概念,还是过于贪婪、自私?了解清楚偷拿的真正动因后,才能对症下药。我们建议家长在了解情况时语气要温和,充满对孩子的关爱之情。只有这样,才能弄清楚真正的原因,切莫不分三七二十一,一棒子打死。态度粗暴的结果往往是适得其反,孩子不仅不会放弃顺手牵羊,还会把它当作报复家长的手段,甚至在受了处罚后离家出走,最终陷入犯罪的泥潭,到时追悔莫及。

2.要维护孩子的自尊。孩子顺手牵羊被人发现之后,常常会被人说成是小偷,从而给孩子的自尊心造成严重伤害。家长们在教育时一定要顾及孩子的面子,尽量不要给他们安上小偷的罪名。在事情发生之后,一般不要在

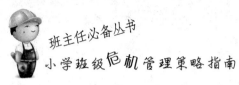

别人面前提及，争取把事件的影响范围缩减到最小。如果别的孩子或者老师有讥讽孩子的行为，使孩子抬不起头来，家长要想办法解决，帮助孩子重新找回自尊。

3. 给适当的零花钱。孩子在家庭中应得到温暖和关注，平时给他一些零花钱，其数目要和一般的小朋友差不多，可每周或每月给一次，要对孩子说清楚不能买不清洁、不卫生的东西吃，"积余归己"。至于孩子怎么花掉这些钱，也要关心一下，即使买了一些不恰当的东西也不要过分批评他们，因为孩子有自己的爱好。要让孩子从小学会"经济管理"，当他的手中有了钱后，看到别人的钱也不稀罕，不会去求他们平时"求之不得"的东西，偷窃的行为也就改掉了。

4. 父母要以身作则。有时候，问题出在孩子身上，根儿却在父母那里。一些父母爱占小便宜，经常顺手牵羊，今天从菜市场顺手拿一根葱，明天又从单位里顺手拿一支笔，回到家里还要"展览"给孩子看。孩子看在眼里，记在心里，等到孩子"青出于蓝"时，父母才意识到问题的严重性。子不教，父之过，家长需引以为戒。

❖管理感悟❖

对于小学低年级学生的偷拿行为，教师要宽容一些。他们属于社会化过程初级阶段的个体，发展具有不稳定性。他们的偷拿行为不等同于品德不良，不应归入道德品质范畴。

第五章　教育行为不当的危机管理策略

☆ *本章导读* ☆

　　教师的教育行为是指教师在实际教育中所表现出来的各种外显性的活动或动作,如教师语言和体态语言,是教师教育方法、措施与手段的总和,也是教师教育观念的外在表现。

　　恰当的教育行为既能提出符合学生心理发展规律的要求,采取学生能接受的行为方式,又能从情感上接纳和关爱学生,尊重学生并耐心地倾听学生的观点,积极鼓励学生;然而不当的教育行为则会阻碍学生的健康发展,对学生的心理形成伤害,甚至引发班级危机事件。所以教师应外树形象,内树观念,实施恰当的教育行为,减少或避免由于教育行为不当引发的危机。

第一节　遗忘班级角落中的弃儿

【本节导读】

　　总有阳光照不到的角落,那里有双渴望的眼睛,他在企盼您的注

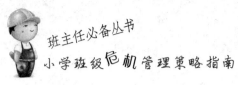

视,您慈爱的目光会温暖他的心田,您亲切的问候会滋润他的灵魂,亲爱的老师,他就是被遗忘在班级角落中的弃儿。可知道,您的忽视让他缺少了一份关爱,也丢失了一个倾诉的对象,甚至会迷失了人生路上前进的方向。

案例1:

由于毕业班的升学压力较大,班主任刘老师把大部分的经历都放在了提升学习成绩上,看着几个尖子生的成绩不断进步,她的眉梢上翘,露出了满意的笑容,这几天她又在狠抓班级里那几个学困生,争取使及格率达到100%,这张卷子的题目有些难,没有人提前交卷,刘老师等不及孩子上交卷子再来批改,而是穿梭在小组之中在孩子做完的题目上画着圈圈,走到图书角她突然发现婷婷的同桌川川没在座位,这时第一节课已经开始20分钟了,她赶紧轻声问婷婷:"川川早自习后没回来么?"婷婷睁大眼睛看着老师说:"老师,他早自习就没来啊!"看着老师惊讶的目光,婷婷补充道:"我以为他直接向您请假了,就没跟您报告!"刘老师赶紧回到办公室给川川爸爸打电话,川川爸爸说孩子随妈妈回老家了。都快毕业考试了,怎么会这样!透过川川的好朋友冰冰,老师了解到原来川川的父母最近在闹离婚。这时刘老师恍然大悟,川川最近经常有些恍惚,而且成绩有些下滑,之前还误会孩子是痴迷电子书呢!直到毕业考试成绩发布了,川川还是没有回来。

❋诊断分析❋

可能针对川川父母的离异刘老师是回天无力的,但是川川就这样悄然离开是刘老师难以接受的,她愧疚着,经常想到川川那段低迷的日子是多么的煎熬,最亲的父母在闹婚变,爷爷奶奶远在四川老家,姥姥姥爷也不在身边，曾经最值得依靠的刘老师也没能安慰关心他，他带着满腹的遗憾离开了老师同学们所在的城市，也留给刘老师满腹的遗憾，如果自己没那么忽视孩子，最起码川川的内心会好过些，也许他会成为父母复合的黏合剂呢。

而川川被老师遗忘的原因还有就是他本身性格比较内向，没有什么出众之处，很难引起老师和同学们的主意，就连学习成绩在班级里的影响也很小，既不是高分的佼佼者，也不是低分的拖拉者。

❖案例警示❖

案例中刘老师的愧疚应该是发自肺腑的，这份遗憾可以算得上是对她忽略川川的回应吧。这个故事虽然没有惊天动地的后果，但是也足以使各位班主任老师警醒，我们决不能允许班级里存在被遗忘在角落的弃儿，我们应该更多关注学生整体，尤其是那些性格内向，不善言表的中间层次的学生。

在4.1节的案例2中，文文也正是因为被作为弃儿置于角落而更加叛逆，难与同学们和睦相处，甚至"找茬"欺负同学，以报复老师同学对自己的冷落，更是无心学习，导致日益堕落。

【理论课堂】

有这样一则习作："我渴望当个差生!也许有人会说我"发神经"，但我的确是这样想的。在班里，我是个中等生，在老师眼里，中等生可有可无。优秀生能为班级争光，老师对他们总是宠爱有加。为了不拖班级后腿，老师对差生也是悉心"照顾"，而我们中等生一无所有!在家里，因为我是中等生，爸妈常苦恼："这孩子，就一个中等生，看来没多大出息，可放弃又不甘心。唉!"于是，他们为我准备了大量的习题集、辅导

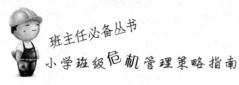

书,我每天做得头昏脑涨,可是功课却不见长进。我不想爸妈为我瞎操心,真想一下子就成为一个差生,可是做差生容易但心不甘,做优秀生又能力有限。哎!进退两难,我真不知该如何是好。如果下辈子投胎,打死我也不做中等生!"

就像习作的小作者所描述,老师关注了学习成绩落后的学生,不帮助他们,他们会影响班级的平均分;也关注了纪律散漫的学生,不帮助他们,他们会给班级、老师惹麻烦;还关注了有严重成长偏差的学生,否则就有可能出问题,就会伤害自己,伤害他人。更关注了学习成绩优异的学生,因为那是老师教学成绩优异的最佳体现,那是属于班级管理风采的丰碑。但在班级里总有一些这样的学生,他们从来没有给老师和同学添过麻烦,尽管她的学习成绩不是很好,但总能很认真地按时完成作业,积极完成老师布置的任务,没有不良习惯,性格温顺,从不找老师交流,也没有什么明显的特长或兴趣爱好,自然也就没有引起老师的关注。在"抓两头,带中间"这种教育思想的影响下,老师们的教育教学关注中渐渐忽视了那些处于中间层次的学生,使他们变成被遗忘的学生,老师谈起他们来都不会有什么特别的印象。

一、中等生的心理特点

1. 缺乏信心。小学班主任老师都有一个习惯就是让学生中的"小快腿儿"替自己跑跑道,笔者遇到一个典型的中等生,当被要求去办公室取份材料时,孩子仰着头用无辜的眼神看着老师说:"我不行,我找不着!"女孩的反应表现出的正是一份强烈的不自信,这也是中等生普遍具有的典型的心理特点。中等生的不自信源于他在集体中的被关注程度不够和平时锻炼机会较少,久而久之,中等生就将自己固定在中等生的位置上，安于现状，不求上进了。

2. 容易产生抑郁情绪。中等生在学习上仍有较高的期望，他们要付出更大的努力、更多的艰辛来提高自己的成绩，得到师长的认可；但相对于尖子生，他们已有知识水平和认知能力不高，进步速度慢，成绩提高幅度较小，这就导致他们长期处于一种压抑情绪之下。

3. 喜欢封闭自己。它突出表现为学生沉默寡言，喜怒哀乐不轻易表露，其主要特征是关闭性。他们很少与父母交谈，他们不愿和老师接近，极少到办公室提出问题或主动与老师谈话，不愿告诉老师班上同学的事情，往往抱着事不关己、高高挂起的态度。他们只喜欢把自己的所思所想、自己的喜怒哀乐向日记倾诉，在自我的小天地里默默地咀嚼生活，品尝孤独。这种闭锁心理往往严重影响了同学之间、师生之间以及学生和家长之间的正常交流，造成彼此之间的心理隔膜，影响人际交往，往往使学生陷入孤独无助的境地。同时由于他们在学习和生活中遇到的各种困难、挫折、痛苦、烦恼等，不愿向人倾诉，由此引起的不良情绪不能及时得到排除，日积月累就易引发其他的心理问题。

二、中等生的心理危机

被遗忘的学生总体都具备的性格特征就是内向。他们不善于用语言来表达自己，更不善于参加校内外的各项活动，没有勇气走进老师的视线。久而久之，容易导致他们心理承受能力变差，心理自卑、情绪抑郁、自我封闭，影响到日后的人际交往和社会适应，严重的可能演化成心理疾病。一位心理咨询师反馈的信息应引起我们的重视，他说近年来因患严重的心理疾病而最终不得不退学甚至就医的学生咨询者中，没有一个是差生，也没有一个是优生，都是平时认认真真，不声不响，班

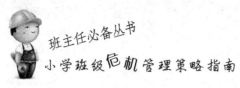
主任最省心、放心的中等生。这些看起来"毫无问题"的中等生心理问题的严重程度明显要超过优等生和后进生,有少数同学已到了需要进行专门心理治疗的程度了。为什么明显的心理问题往往发生在平时看起来"毫无问题"的中等生身上? 这难道是偶然的吗? 中等生的心理健康状况到底如何? 我们老师特别是班主任对中等生的了解关心够吗? 某些悲剧的发生是不是可以避免? 被遗忘的学生容易成为班级管理的死角,被班主任忽略,同时隐患也会暗中滋生。如果不加以关注,由心理危机引发的突发事件往往会让班主任措手不及。因此,对班主任而言,转变管理视角,关注角落里的弃儿,及早发现隐患、转化危机至关重要。

【应对指南】

中等生存在多种程度不一的心理问题,这对学生的健康成长造成极大的障碍,但绝大多数中等生的心理问题并不算严重,也不难解决,并不需要进行专门的心理治疗,只要家长特别是班主任老师思想上能引起足够的重视,行动上能积极采取各种措施加以引导和调节,这些问题是完全能够得到预防和排除的,只要班主任能够做到以下几个方面,就完全可以有所作为,收到满意的效果。

1. 具备一定的心理学素养

班主任必须要具有一定的心理学知识,要善于从心理学的角度去观察和分析学生的言行,要能够对学生进行心理健康的辅导和教育。这应该成为一名现代中学班主任的教育教学基本功之一。针对中等生这一特殊的群体,重视、发现和排解其心理问题更需要班主任具备较高的心理学素养。

2. 把爱和关心洒向每一个中等生

"心病还需心药治"，老师的爱心无疑是预防和医治学生心灵创伤的灵丹妙药。现实中班主任往往把更多的心思花在优生和后进生上，表现良好的中等生反而被无意中冷落了，使他们的精神欲求无法得到满足，使最具可塑性的大多数得不到切实的关心和培养，这也是一些班主任工作不能收到预期效果的重要原因。要预防和排除中等生的心理问题，班主任就必须树立人人都是关心对象的教育思想，对那些默默无闻的中等生同样要予以足够的关注，有时班主任不经意的一个笑脸、一句赞语、一声问候都会给自感被忽视的中等生带来巨大的情感冲击，甚至给他们留下终身难忘的印象，并转化为前进的内在动力。

3. 增强中等生的"自信心"

中等生的各种心理问题中，尤以自卑心理为主，它往往是导致或加剧中等生其他心理问题的根源所在。如果能重树其自信，将为其预防和克服其他的心理问题创造良好的条件。要树立中等生的自信心，班主任可以从很多方面着手，但最关键的还是要设法在学习上帮助其提高，针对中等生的不同情况，提出不同的要求。只要班主任肯持久地下功夫，许多中等生的学习成绩会得到大幅度的提高，同时其不良心理状态也能得到根本的调整。

4. 给中等生提供展示自我、体现自我存在价值的机会

在传统的班级管理制度下，中等生往往只能是被管理者，很难真正感到自己是班级的主人。可以通过改革传统的班级管理制度，给中等生提供锻炼和为班级管理贡献力量的机会。班干部可以采用老师推荐、

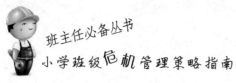

学生自荐、组阁等方式，定期轮换。针对不同学生的特长，设立多层次干部，使尽可能多的学生参与班级事务。班级重大事情和重大活动，让每个学生都有参与的机会，在课堂教学中，多给中等生以解答问题的机会，引导他们积极参与课堂讨论，大胆发言，多加鼓励，使他们从胆怯紧张和漠然中摆脱出来。班主任还要组织和开展丰富多彩的课余活动，促使平时不动不响的中等生也能全身心地参与进去，在多种活动中去展示他们青春活力，发挥他们的兴趣特长，化解他们的烦恼痛苦，促进他们的身心和谐发展。

5. 协调各方面教育力量，合力促进中等生健康成长

促进中等生的心理健康需要多方的共同努力，才能收到最好的效果。首先，要争取各任课教师的配合。在工作中注意经常与各任课教师沟通情况，主动向各任课老师了解中等生的思想情况、学习情况，共同探讨在教育教学中应注意的问题，具体落实帮教措施。其次必须争取学生家长的支持。班主任与家长要经常交流，以便更全面地了解学生。班主任要提醒家长运用正确的教育方法，多与子女进行平等交流，建设民主和谐的家庭环境，不给子女以过多的压力。

6. 对心理问题严重的学生，促其及早进行专门的心理治疗

当班主任发现个别学生的心理问题已比较严重，应联系家长，帮助促成学生及早开展心理治疗。早发现早治疗，小孩子康复的几率较大，不会影响到日后的正常发展，否则，将埋下隐患，即使不马上表现出来，也可能影响到长大后的心理发展。当前，学生的心理健康教育已开始引起全社会的重视，有关各方正在采取各种措施努力促进学生心理的健康发展。但以中等生这一特殊群体的心理问题为对象的理论探索还很

缺乏,在教育实践中对中等生的心理问题的关注也很不够,关注中等生的心理健康,能加强工作的针对性,把班级集体建设得更好。

❈安全小贴士❈

班主任在学生小学阶段无需过多考虑升学和就业,而应多花心思关注孩子的成长,在育人上下功夫,尊重学生的成长规律和生命意义,而非学业成绩,按照学生的身体发展规律和心理需求,提供一个健康、愉快、和谐的发展空间,让每一个学生都玩得轻松愉悦,学得积极主动,活得多姿多彩。

❈拓展视窗❈

苏格兰最佳学校的成功秘密

今年3月,苏格兰皇家督学发布的年度教育督导报告显示,一所规模颇小的天主教教会小学——圣马克小学史无前例地在15项评估中获得了11个"优",当之无愧地成为全苏格兰最好的学校。

圣马克小学位于东伦弗鲁郡格拉斯哥市附近的巴海德,生源并无特殊之处,在其招生区域中,贫富学生参半。

圣马克小学的教师透露,他们的成功之道非常简单——纪律严明,快乐无限。

校长帕特里亚·肯尼迪说,圣马克小学是一个非常快乐的学校。这里的教师都非常风趣,大家都喜欢每天到学校里来。但与此同时,"我们不会放过孩子的任何错误,无论是迟到,还是在家庭作业、行为举止或穿着方面出了问题。任何事情都有章可循。此外,这里的孩子有强烈的自我价值感"。"如果圣马克小学有成功的秘密,那就是每一个教职员工都在想着为

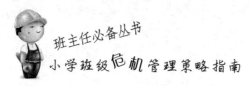

学生提供希望自己孩子应获得的教育,即尽可能好的教育。"督学的评估报告是对圣马克学校的所有工作人员,以及所有学生、家长以及全教区、学区的莫大肯定。"

孩子们对学校的评价可以证明一切。一年级的5岁男孩马克说:"在学校总是很忙碌。很高兴能跟朋友们在一起。"

二年级的雷切尔说:"我喜欢在课堂学习各种各样的主题。"

9岁的艾顿说,他喜欢在学校写故事和踢足球。而10岁的劳伦说,他跟自己的老师相处得很好。

圣马克小学还鼓励孩子们加入学生委员会,了解不同的文化,学习种族平等与贫困等全球问题。肯尼迪校长还说,她为每一位学生感到骄傲。教师告诉孩子们,只要他们努力学习,他们就一定能实现自己的目标。

❖管理感悟❖

人像树木一样,要使他们尽量长上去,不能勉强都长得一样高,应当是:立脚点上求平等,于出头处谋自由。

——陶行知

关爱不在轰轰烈烈,而在细微之处。

——桂贤娣

第二节　失度惩罚

【本节导读】

有句俗语说："小树不修不直溜，小孩不修艮啾啾"，还有种认识是"严师才能出高徒"，在这些思想的左右下，教育曾经一度在高压下进行，然而就在形势日益翻新的今天，对学生的失度惩罚仍在潜滋暗长。失度惩罚，即过罚不当的惩罚，是指与学生违纪行为的危害性不相称的惩罚，比较高发的是对学生的过重惩罚。惩罚过重会造成学生身体上的伤害和心理上的折磨，对学生的健康成长起到严重阻碍的作用，也是造成教育管理危机的一大隐患。

案例1：

黄老师是一名小学教师，多年来一直从事班主任工作，以严厉知名。今年暑期他的学生毕业了，就在最近保洁阿姨在垃圾箱里发现了一张黄老师毕业班级的合影，照片上黄老师的面部被划破了，这显然是学生有意抛弃的。在教学过程中，黄老师经常因学生课业任务完成不及时而进行惩罚，有时候让学生在教室里写上十倍，有时候还叫学生到办公室趴在墙上补齐作业；因为孩子的一些过失，黄老师还经常找家长来谈话，甚至责成家长打骂孩子。一张毕业相片对于每个孩子都是意义相当重要的，但是为了抛却苦涩的记忆，孩子选择不要所有的过去。

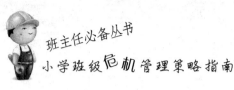
❀诊断分析❀

人非圣贤，孰能无过，更何况是心智尚未成熟的小学生，他们的人生观、世界观尚未形成，需要人类灵魂的工程师来修葺。当孩子犯下错误的时候，班主任老师的态度对其有很深的影响，如果你很宽容，那么孩子就学会了宽容。案例一中的黄老师工作兢兢业业，勤勉负责，但是就是因为平时经常惩罚学生，得不到大多数学生的爱戴。

案例2：

另外一名学生就幸运得多，他叫孙浩，刚上一年级的时候老师就发现了他的怪异，他不敢与任何一位老师对话，甚至上课的时候头都不敢抬，课堂上被提问回答总是吞吞吐吐、还拉着长调，同时一条腿胆怯地弯着，小肚子紧紧地贴在书桌上，基本答不对什么问题；截然不同的是，下课后离开了老师，他就像注射了兴奋剂一样在操场上尽情玩耍、呼喊，和同学们打成一片。班主任刘老师发现后侧面地和家长取得联系，家长就说孩子自小怕老师。一天吃过午饭，刘老师把孙浩唤到身边说："咱俩唠唠嗑！"孩子的紧张清晰可见，老师把小孙浩拉到身边问他为什么怕老师，是不是以前的哪位老师让他觉得痛苦了，孩子的眼眶一下子就湿润了，刘老师伸出右手对着孩子郑重承诺："刘老师的手是绝对不会让你感到痛苦的。"进一步的追问才使刘老师从孩子的泪水中获知是幼儿园的老师踢过他而给他造成心理阴影！经过与家长的密切联系和各科老师的积极配合，孩子变得越来越开朗，渐渐敢在课堂上回答问题了。

❋诊断分析❋

案例中的刘老师能够慈爱地对待学生，不仅得到学生的爱戴，更用师爱的阳光温暖了受伤儿童的心灵，而案例二中还隐含着一位老师，就是那位踢过孩子致使孩子畏惧所有老师，他就是孙浩害怕老师的症结所在。

不过在我们教育工作者一味的反思中，我们却忽略了一点，我们不是孩子唯一的评价人，笔者接触过一个男孩，他称自己的母亲为"她"，这就是因为家长总是批评孩子、甚至对孩子大打出手造成的，所以作为孩子的班主任老师我们还要细心观察那些胆怯怕人的孩子，制止家长对孩子的过度惩罚！

❋案例警示❋

由于教师失度惩罚学生而造成不良影响的事件时有发生，很多还触及法律高压线，面对学习成绩提升慢、或者学生间的疑难杂症，小学班主任老师压力也很大，出于盼铁成钢想法，一些班主任老师便做出了激进的做法，从以上案例中，我们应得到一些警示：

1. 要宽容对待学生犯的错误，找到错误症结所在，帮其改正；

2. 要学会自我调节，能够迁移自己的注意力，成绩固然重要，但是学生的个人水平是不一样的，教师要允许学生差异的存在，实行个性化的教学；

3. 切忌触碰道德红线，遵守教师职业道德；

4. 要找到合适的方法使学生认识到错误，并对自己所犯的错误负责。

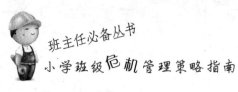
【理论课堂】

一、失度惩罚释义

失度惩罚,是指与学生违纪行为的危害性不相称的惩罚,常分为过重的惩罚和过轻的惩罚。过重的惩罚,是指超出了学生身体和心理的承受能力,对学生身心造成一定伤害的惩罚,过重的教育方法、方式,侮辱、诋毁学生的人格和尊严,影响他们的健康成长。这种不健康的教育方式很多,美国得克萨斯大学卡罗林·奥林奇博士在《塑造教师》中,列举了教师常犯的25种错误,包括不当的教育策略、体罚、有意疏远、公开嘲讽、偏袒、生理歧视、人身攻击、不当的师生关系、故意虐待、种族文化歧视、侮辱、错误的指责、性骚扰等。上海市一次关于师德状况的调查,也列举了39种教师失范行为,其中居于前列的是:体罚、收礼、罚站、辱骂学生、讽刺挖苦学生、罚抄、歧视差生、对学生漠不关心、训斥学生等。过轻的惩罚,是指未触动违纪学生心灵,未唤醒其自觉纪律意识的惩罚,常表现为轻描淡写的说教。在现今的教育过程中,失度惩罚多表现为过重的惩罚。

二、出现失度惩罚的原因

失度惩罚的屡屡出现,原因可归于这些方面:

1. 教育法律法规的不健全

《中华人民共和国义务教育法》(2006)第29条规定:"教师应当尊重学生的人格,不得歧视学生,不得对学生实施体罚、变相体罚或者其他侮辱人格尊严的行为,不得侵犯学生合法权益"。《中华人民共和国教师法》(1993)第八章第37条规定:教师"体罚学生,经教育不改的"或"品行不良,侮辱学生,影响恶劣的",由所在学校、其他教育机构或者教育行政部门给予行政处分或者解聘,"情节严重,构成犯罪的,依法追究刑事责任"。但是,这些规定未对体罚和变相体罚进一步做明确界定,对教师未构成犯罪的一般违法行为没有一个可操作的评判标准和具体的处罚办法。另一方面,法律对教师惩罚的权利和义务给予了确定,《中华人民共和国教育法》(1995)第28条第4款规定,学校及其他教育机构有"对受教育者进行学籍管理,实施奖励和处分"的权利。《中华人民共和国教师法》(1993)第8条第5款规定,教师应当履行"制止有害于学生的行为或者其他侵犯学生合法权益的行为,批评和抵制有害于学生健康成长的现象"的义务,但同样没有对教师惩罚的权限、惩罚的监督和不当惩罚的救济等做出明确规定。这样就造成教师对惩罚和体罚、变相体罚的界限认识不清,分辨不明,容易出现以惩罚之名,行体罚之实的现象。

2. 学校管理的漠视

学校方面为了追求学生文化课成绩的提高,很少制止教师对学生的高压政策,教师也常以惩罚作为手段来管理作业完成不及时、考试成绩不理想的学生。

3. 家长对老师的默许和忍耐

孩子在学校受到失度惩罚,部分家长受传统教育观念影响认为孩子犯错受罚是应该的,不予重视,认为老师都是为自己的孩子学习好;还有一部分家长出于对老师的敬畏,害怕孩子在将来的学校生活中受到更大的"刁难",或者被老师"放弃"而敢怒不敢言,始终容忍教师对自己孩子的失度惩罚。

141

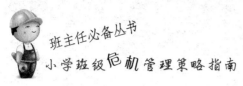

4. 教师个人的控制力不强, 教育方法单调

很多教师信奉惩罚的效用, 惯用体罚手段, 出于恨铁不成钢的心理, 也由于自身的心理控制能力差, 在个别问题学生的刺激下变得非常愤怒, 盛怒之下言行出位, 导致惩罚过重。教育方法有多种, 对身心伤害的方法切不可取, 因为可能使他们产生仇恨教师、仇视社会的想法, 叛逆行为更加显著, 甚至会迁怒于人, 报复他人。

三、失度惩罚的危害

过重的惩罚严重伤害了学生的身体, 也伤及到学生的心理。正如卡罗林·奥林奇所说, 教师的 "有些语言和行为能给人脆弱的心灵带来创伤, 且这种创伤会伴随人的一生"。而怒骂、讥讽等直接伤害了学生的自尊心和自信心, 久而久之, 学生会变得忧虑、沮丧、冷漠、愤怒、恐惧或是焦躁不安。心理惩罚的刺激, 可能引起被罚学生呼吸系统、循环系统、外部腺体和内分泌等方面的变化, 造成机体正常功能的紊乱, 从而导致疾病。同时, 过重惩罚对学生具有负强化作用, 容易滋生问题行为, 比如为了逃避教师或者家长的惩罚, 学生容易产生撒谎、逃学等问题, 模仿老师的惩罚手段攻击他人, 或是残害小动物等。相反, 过轻的惩罚又没有触动违纪学生心灵, 未唤醒学生的社会规范意识, 也不利于学生的社会化。对教师个体而言, 过重的惩罚会损害教师与学生及其家长等之间的情感, 影响教师的人际关系; 因不当惩罚而受处罚之后, 教师往往情绪低落, 对学生失去热情, 对工作失去激情, 渐渐地走向不当惩罚的另一极端——该管不管, 该罚不罚。个别教师的这些现象也会给整个教师集体带来一定的负面影响。由此可见, 失度惩罚会导致严重的教育管理危机, 是教育管理中一大隐患, 值得我们每一位教育工作者重视。

【应对指南】

作为教育工作者，我们都能认识到教师对学生的失度惩罚危害极大，且由于教师对学生的失度惩罚、尤其是过重的惩罚引起的教育事故频频出现，且愈演愈烈，我们必须有效地防范并做好危机应对的准备。

一、失度惩罚的防范

（一）自上而下严格立法，保障学生正当权益

建议相关立法部门制定条文明晰、内容确切的法律法规，将教师的不良行为限制清楚，也进一步明确学生的正当权益。地方各校结合本校实际，严格践行《中小学教师职业道德规范》，并将其中的要求细则化，给教师一个，也为教师提供一个明确的指引，让老师对学生的惩罚有"度"可循。

（二）由内而外强化素质，提升教师管理水平

1. 提升教师管理学生的水平

作为一名班主任，首先要了解所教学段学生主体的身体、心理发展概况，针对此年龄阶段学生的认知水平进行引导，对此年龄段学生可能出现的问题具有一定的预见性，用恰当的方法管理学生。这也就要求教师具有足够深厚的教育学、心理学基本功，用扎实的理论基础来指导教育教学时间，将自己内部积聚的力量释放出来，良好地管理学生，使自己的学生有向上的意识、阳光的心态。

2. 提升教师管理班级的水平

班级管理的核心就是形成集体的凝聚力，而班级凝聚力的核心就

143

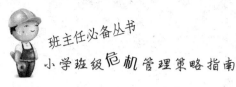

是这个班级的班主任老师。班主任老师具有吸引力，这个班级就具有凝聚力，良好的班风就会引导这股凝聚力节节攀升。所以，作为一名班主任老师一定要及时、准确地给自己管理的班级定位，做好示范，培养榜样，以点带线，使整个机体向良性方向发展。

3. 提升教师自我管理的水平

作为一线的教育工作者，所面对的问题的确是比较复杂，这份工作对小学班主任老师的身体和心理都是一场考验、一次长期锻炼，当遇到比较棘手的问题时，教师要学会控制好自己的情绪，冷静对待；学生出现错误时，教师要把心态放平和，不要过于情绪化，管理好自己的思想，不要让它逾越职业道德的约束。教师要积极地进行换位思考，找出有效地解决问题途径。

（三）深入浅出，相互了解，加强家长监督机制

家长作为孩子的监护人，享有让孩子接受义务教育的权利，同时需履行让孩子接受义务教育的义务，这种说法看似矛盾，但权利和义务本来就是对立统一的。各位家长把孩子送到学校接受教育不等于教育就由学校全权负责，家长还要履行监督学生学习情况、老师教学情况的义务。在家长的监督下，学生的不良行为会减少，教师的失度惩罚也会减少。

二、失度惩罚的危机应对

当教育不当行为出现，面对所酿成的危机，则需要老师们拿出及时有效的解决措施，缩小不当行为造成的危害。

（一）错手伤人要及时救治

教师个人也是自然人，会有喜怒哀乐，会有情绪失控，会有原始的

惩戒冲动。小学班主任面对的学生都是未成年的小孩子,他们的身体正处于生长阶段,肉体的承受力也很差,可能由于老师的轻推轻碰就造成了伤害,如站体操队形时老师推了一下学生,造成孩子骨折;当然也有老师出手过重,如打嘴巴造成流鼻血等,出现这些问题时,教师第一时间要做的是救治学生,面对家长时要讲清初衷,并诚恳致歉,以取得家长的谅解。

(二)语出伤人要及时反思

小学生的心理也同样脆弱,新世纪的中国少年儿童生活优越,在家里都是掌上明珠,说一不二。在教育教学过程中,如果老师对学生做出了讥讽的定义则会让孩子受到刺激,形成心理阴影。在与十几位班主任老师交流的过程中了解到,大多数老师会说过自己的某一个学生"笨",如果您也说过,那么一定要好好反思,孩子听信你的话可能要受自我应验效应影响认可自己的"笨",若不愿意接受则会对老师的话产生逆反心理,导致不听你的话、讨厌您的人,这里考验的教师的语言魅力了。

(三)间接伤害要注意调节

这里谈到的间接伤害是一家之言,指的是由于班主任老师放权造成的小干部打人致伤事件。小干部往往使用暴力解决班级问题,这种现象在小学里由来已久。小干部打伤学生后,班主任老师也要第一时间对被打学生进行救治,视其情况轻重恰当选择医治手段。下一步就是要通知双方家长,这里不是要老师推卸责任,把学生的受伤推给小干部,这是因为双方家长都有知情权,且小干部的家长若能及早出现对受害方家长也是一种心理安慰,班主任老师要主动承揽责任,以减轻两方家

145

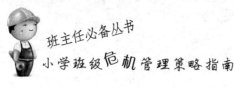

长和学生的负担。

其实杜绝教师对学生的失度惩罚最需要的就是教师对学生的爱，那爱中透着包容、含着理解、浸润着殷殷的希望。

❖安全小贴士❖

惩罚的目的是使犯有严重过失的学生震惊猛醒、悔过自新。惩罚后安抚策略可以让被批评或惩罚的学生体会到惩罚中蕴含的关爱，以免学生产生不良情绪或心理隔阂。以爱为情感基础的惩罚会让惩罚变得美丽起来。

❖拓展视窗❖

美国某学校，有乔和伊丽莎白两女生。一次考试乔抄袭了伊丽莎白递来的答案，被老师发现，老师拿起一个板子要对她们进行惩罚。老师叫她们各自趴在中间隔着一张大办公桌的两把椅子上，不许互相看。"啪"的一声，乔觉得是伊丽莎白在替自己挨揍，紧接着"啪"、"啪"两声，似乎每一板都打在伊丽莎白的背上，乔再三哀求无济于事。但伊丽莎白听来，板子却是打在乔的身上。过了一会儿，她们几乎同时抬起头来，看到老师在加了垫子的木椅上重重地"啪"了一下，这才恍然大悟。我们不禁要为这位老师高超的惩罚艺术叫好！

❖管理感悟❖

错误也是一种教育资源。对与错是必然的关联，教育可以从知道"对"反思"错"，也可以从"错"醒悟"对"。

第三节　无视心理脆弱或心理异常学生

【本节导读】

现在社会的竞争越来越激烈, 甚至已提前到了儿童时代。孩子周围的环境压力不断增大、父母对独生子女的骄纵、家庭环境变化给孩子的冲击, 这些都使他们的心理脆弱现象也越来越严重, 他们或是缺乏正确引导、或是缺少温暖关爱; 由于孩子的成长环境越来越复杂多变, 儿童心理上的问题也越来越突出多样, 据相关调查统计, 我国儿童心理问题的存在已经具有相当的普遍性和严重性, 除了心理脆弱, 还有心理异常现象, 如多动症、强迫症、孤独症等。针对心理脆弱或心理异常的学生, 教师应给予更多重视, 关心他们生活的细节, 关注他们思想动态的变化, 杜绝更大的管理危机的出现。

案例1:

小丁是一个看起来很外向的女孩, 经常和男孩子一起游戏, 但是一个坏习惯就是不爱完成作业, 学习成绩一直也不好。班主任老师对她多次督促, 并通过课后辅导、谈话聊天等方式对其进行转化, 但是收效不大, 连续几日老师叫小丁到办公室谈话, 接下来的几天她没来上学也没有请假, 老师通过其他学生了解到小丁骗了姥姥说学校放假。小丁是个留守儿童, 和姥姥一起生活, 爸爸妈妈也是离了婚之后出去打工的, 她不上学的原因就是老师

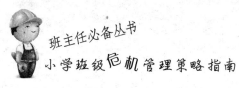
总批评她, 座位周围的男生都笑话她, 有时候还欺负她, 要不是为了姥姥她都不想活了。这个外表看似坚强的女孩实际上内心非常脆弱。

❖诊断分析❖

案例中的班主任老师只看到了学生外在的活泼假象, 没有关注背后的问题, 更未意识到小丁心理脆弱的方面, 在对她的帮教过程中忽视了孩子的成长背景和心灵需要, 导致孩子产生厌学的行为, 甚至出现了轻生的念头, 这是非常危险的。每个人的心中总有脆弱的地方, 如果能在无助的时候得到帮助, 则会安然渡过困难期, 反之, 则可能因无望而消极, 乃至绝望。

案例2:

白杨, 外表看来人如其名, 身材高高、眼睛大大的, 但是看到他在四年级的教室里总觉得哪里不妥。原来这个孩子已经12周岁了, 该读六年级的年龄, 因小时候发高烧治疗不及时形成了现在的这种自闭的状态, 他不爱与人交流, 喜欢自己玩, 经常故意把班级的垃圾桶打翻, 或者做很多纸团投到水桶里, 也因此被之前的学校劝退了, 白杨的妈妈为了让他继续上学搬了家来到新学校并请求让孩子重读。班主任李老师接受了孩子, 并给予他更多的关爱, 白杨已经有了很大进步, 由之前在校门外徘徊到9点钟才进校园到能够按时到校了, 课堂上也不那么爱捣乱了。

❖诊断分析❖

心理有异常症状的孩子, 只要老师细心观察, 总能发现一些迹象, 如果未经心理治疗, 要建议家长送诊; 如果处于治疗后的回归阶段, 那么需要老师自身有知识储备, 了解此异常心理的特点, 有能力引导调控学生的行为,并给其营造一个温暖无歧视的环境,将对学生的复原有很大帮助。案例中的老师及时了解到了白杨的心理异常病史,并对症下药,取得了良好的效果。

❈案例警示❈

无论是产生不良后果的案例,还是收效不错的案例,作为教育工作者,我们都要从中汲取经验教训,得到警示:

1.学生的心理脆弱不是写在脸上的,复杂的家庭环境使很多孩子的心理变得异常脆弱,所以老师要看到孩子的内心本质;

2.与心理脆弱的学生沟通一定要讲究技巧,多关心其生活状态,了解其心理需求;

3.自闭儿童的心门没那么容易打开,如果遇到这样的孩子,班主任老师还要加强"修炼",多向心理健康教师请教,并针对个案进行剖析;

4.当发现孩子心理存在异常时要与家长沟通,进行及时的治疗;

5.正确引导其他学生平等对待心理问题学生,可特别培养懂事的学生对其关爱帮扶,在集体中体会爱,会使孩子的心理康复更快。

【理论课堂】

据有关资料调查统计,我国儿童心理问题的存在与发生具有相当的普遍性和严重性。小学生心理异常行为,他们大多表现为:多动、自控能力差、注意力不集中、缺乏责任心、缺少自信、容易自卑等等。

一、学生心理脆弱的成因与危害

(一)成因

学生心理脆弱的成因是多方面的,有外在的因素,也有学生自己内

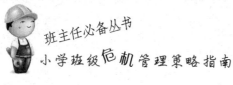

在的因素,是内外因相互作用的结果。

1. 学校教育方面:偏重应试教育,忽视素质教育,抗挫折教育在我国还没有引起足够的重视。大多数学校采取应试教育,偏重智育,忽视了心理健康的教育,耐挫折教育开展得更是不够。

2. 家庭教养方面:偏重学习成绩,忽视品行要求。目前,学校绝大部分学生是家庭里的独生子女,从一般家庭教养看,多数家长没有注意培养孩子的耐挫折力。在他们看来,升学是孩子的唯一出路,因此家庭教育强调的是学习,创造舒适的条件也是为了学习。且家庭过分"优越"的条件以及本应是孩子们该想、该做的事家长则全部替代,养成孩子的依赖心理以至养尊处优,骄娇二气,性情懒惰、懦弱、自私。他们缺乏必要的锻炼,甚至没有面对挫折的机会,因而缺乏面对挫折的能力和战胜挫折的信心、经验。

3. 学生习惯养成方面:优越感强,心理承受力弱。家庭经济条件好的家长对学生衣、食、住、行供养丰富、充分;家境困难的家庭,父母也总是自己省吃俭用满足孩子的花销欲望,提供超出能力的优越条件。这些"小皇帝"般的儿童,"阔少爷"似的少年优越感强,形成了自私、狭隘、唯我独尊的心理倾向,许多学生只听得表扬的话语,听不进批评的言词,心像玻璃做的,受到打击"就碎"了。在困难面前逃避,在艰苦面前退缩,意志薄弱,心理脆弱。

来自学校、家长以及学生自身的压力较大,不少学生感到难以应对,有的甚至出现严重的心理障碍。现在社会的竞争越来越激烈,甚至已提前到了儿童时代。孩子周围的环境压力在不断增大,他们的心理脆弱现象也越来越严重。

（二）危害

长期以来，社会、家庭、学校忽视对学生心理品格方面的培养、训练和教育，使得中小学生及幼儿园的孩子在意志力、情绪、情感、性格、自我意识、人格倾向、社会交往与社会能力等心理素质方面处于一种自发形成和盲目发展的状态。一些心理脆弱、承受能力差、经不起打击的孩子在受挫后便显得消极，容易积累成心理障碍，对孩子的成长危害性极大。

目前社会上心理脆弱的儿童占有不可忽视的比例，据了解，在北京的一些心理健康咨询机构，前来咨询的中小学生约占40%；天津市的一项调查表明，30%的中小学生有心理问题；现在甚至越来越早地提前到了学龄前的孩子。这些儿童当心理脆弱达到极点时，就会对家庭和社会造成很大的危害，如对同伴或同学进行报复，想不通时产生轻生念头等。我们必须去思考，这一切危机的起源是什么？是传统中的对人，对人的素质，尤其是对人的心理素质的忽视。很少有人从心理层面上去关心孩子们真正想要什么，喜欢什么，缺少什么，需要什么。

二、学生心理异常的形成原因与危害

如果一个人的心理活动水平和质量比同龄人都差，构成了心理发展的缺陷，就称为心理异常。学生的心理异常，主要表现在智力、情感、意志行动和性格特征等方面。造成青少年学生心理异常的原因是复杂的、多方面的，人的心理活动，就产生的过程看，是人脑的机能，是物质的生理过程的产物；就产生的根源看，客观现实是心理的源泉，人的心理是客观现实在头脑中的主观映象。因此，学生身体的某些病变，神经系统特别是大脑受到损伤，周围环境的不良影响，家庭和学校教育的

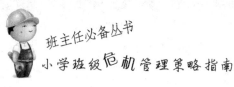

某些不当,都可能构成学生心理异常的原因。

(一)成因

1.身体疾病及后遗症。身体的某些病痛或伤害,特别是神经系统、大脑的损伤,能造成心理活动的障碍或异常。如心脏病可能引起注意力不集中和记忆障碍,脑的某些部位受到损伤,会使记忆功能明显衰退以至丧失、思维紊乱、言语障碍、神志不清等;长时间的体力或脑力"超负荷"引起的过度疲劳;严重的营养不良,不仅会影响儿童和青少年身体的正常发育,还会使他们感觉迟钝,注意力不集中,记忆力下降等。

2.社会影响。我国是社会主义制度的国家,党、政府和社会各方面,正在努力通过各种渠道,运用各种有效的方法,用共产主义思想意识教育和影响新生一代,这是社会发展的主流。但是也应看到,社会上一些不健康的思想意识、情感和行为依然存在,不同程度地侵蚀着青少年的心灵。随着对外开放,资产阶级腐朽没落的思想意识、生活方式和行为习惯,通过各种信息渠道,影响着青少年,加之他们鉴别力差,模仿性强,这些因素会造成某些学生心理异常。

3.家庭的不良影响。家庭是人生的第一所学校,父母是人生的第一位教师,家庭既是人成长发育的温床,又是塑造情感、意志,形成品德和个性的场所,家庭对儿童和青少年,特别对儿童的影响很大。良好的家庭教育影响,可以使少年儿童形成健康的心理,不良的家庭环境和教育,会给少年儿童带来消极的影响,甚至在他们的心灵上留下创伤,形成异常心理。

家庭成员的不良行为,会给孩子间接的暗示,产生耳濡目染、潜移默化的影响，家长的溺爱和娇惯，会使孩子形成骄横任性、自私自利、追求享受、好逸恶劳等不良性格特征，家长对子女运用恫吓、打骂、哄骗等简单粗暴的教育方法，会导致孩子脾气狂躁、粗暴无礼或胆小懦弱、欺软怕硬、缺乏同情心和容易恐惧等；家庭主要成员对孩子的要求缺乏一致性，会使孩子在行为上无所适从，久而久之，可能形成双重或多重性格，展现出"夹生"的个性，时而唯命是从，时而忤逆多变；家庭正常结构的破坏，特别是父母离异，会使孩子因得不到家庭的温暖而产生自卑、情感忧伤、孤僻等异常心理，家长不问孩子的学习基础和智力发展水平，对子女提出不切实际的过高要求，强求他"拔尖"，考上重点学校，也会直接影响孩子的心理健康，因为家长的过高要求和孩子经过努力所能达到的水平，矛盾太大，不可避免地会引起孩子心理上的冲突，这种冲突长时间地存在和反复体验，会导致心理功能的障碍，冲突愈剧烈、愈持久，愈不利于青少年的心理健康。

4. 学校教育的某些失误。学校是专门的教育场所，教师的最大愿望就是培养出大批合格的建设人才。但是，如果学校领导和教育教学人员教育思想不端正，教育方法不恰当，造成教育的某些失误，也会影响学生身心的健康发展，成为学生心理异常的原因。由于一些教师缺乏教育理论素养，不了解青少年的心理特征，对学生的要求偏高过急，采取一些不符合心理发展规律和教学规律的做法，使学生长时期学习负担太重，作业超负荷，对学习产生了苦恼、厌烦、畏惧心理，长此以往，会由一般的厌学发展到恐学，由一般的情绪紧张发展到异常心理的产生。

（二）危害

心理异常对学生的健康成长无疑是一大阻碍，学生的心理异常对

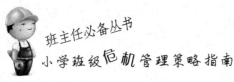

其进行正常的文化学习、与人交往能力的形成、活动的参与情况、遇到事情的执行能力都有阻碍的作用，使学生难以成为一个适应社会的人，甚至不能进行正常的生活。一旦发现学生的异常行为表征，可建议家长带学生做进一步心理检查与诊断，否则一旦延误，危害很大。

【应对指南】

班主任老师如果无视心理脆弱或心理异常的学生会导致孩子不良情绪愈演愈烈，致使班级管理遇到阻碍，影响当事学生和其他孩子的健康成长。面对日益复杂的学生状况，班主任老师压力很大，而防患于未然可以为我们的工作减少一些麻烦，这就要求小学班主任老师重视学生的心理健康，减少学生心理脆弱和心理异常危机发生，概括地说，班主任老师需要"过三关"：

1. 关注学生，及时掌握学生心理动态

现代教学理念指导下，教师不仅仅要做学生的知识引导者，也要做学生的心理健康教育者。处于小学阶段的少年儿童大多是情绪比较外显的，从他们的表情中我们可以读出很多内容——高兴、伤心、喜悦、愤怒、得意、委屈等等，为了使自己的学生生活在阳光之下，老师的目光就要照耀到孩子生活的每一个角落。上课时关注孩子的课堂表现力，自习时关注孩子的自我学习能力，下课时关注孩子在群体中的活跃性和所做游戏的取向，从这些行为中都可以捕捉到孩子的心理动态。如王某父母前天晚上吵架，孩子一早上课就会疲惫而且情绪低落，如果老师能及时关注到这一点和孩子进行交流，打开孩子心中的疙瘩，王某的这一天就截然不同了。教师了解孩子的心理动态也可以通过其他的学生，这就要求教师要经常深入到孩子之中,做孩子的知心朋友。

2. 关心学生,多与学生做心灵沟通

出于一种职业的本能,每一位有良知的老师都会爱、关心自己的学生,关心他成绩是否进步,身体是否健康,情绪是否高涨;通过对学生的关注与观察也能发现很多问题,为了更清楚地了解事实真相和孩子的内心想法,教师可以多与学生做心灵沟通。这种心灵沟通的前提就是真诚,而客观的必要条件就是一对一、面对面、同等待遇的沟通,不要有人旁观,不要一坐一站,要由浅入深,层层深入,要把握尺度,不伤害孩子的情感。若孩子遇到了难题,教师可以帮其出谋划策;若孩子遭受挫折,教师可以给其安慰鼓励;若孩子因家庭原因心中苦闷,教师可以对其进行开导,并另外联系家长进行协调⋯⋯在与学生沟通的过程中很有效的方法就是举例子,结合老师本人的事情讲给孩子是最具有信服力的,也可以找些名人大家的故事说给小孩,以形成良好的导向作用。

3. 关爱学生,体恤学生的心灵需要

学生的心理脆弱很多是由于心灵上的需要得不到满足而形成的。有的孩子锦衣玉食却心灵空虚,他们在长辈的溺爱中成长,要风得风要雨得雨,但是心中没有他人,自私自利,一切都来得容易也就不懂得珍惜,也就没有快乐,这样的宠儿实际上是很可怜的,他们没有朋友,但不是不愿与人交往,而是不会与人交往,这在一年级小学生中经常出现,教师要体恤到这些孩子的需要,教给他们谦让、合作、分享,让他们的小心灵不再寂寞。有的孩子是受到父母冷落而没有安全感,且很容易产生自卑感,他们的父母或因忙于工作、或因个人原因对孩子疏于关爱,

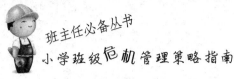

这样的孩子渴望得到老师的爱护，希望老师多问候自己、重视自己。由于现代社会中人们对教育理念或宽或窄的偏激追求造成了更多的孩子心灵上的饥渴，教师对学生的关爱和科学引导是有效调节这种失衡的首选途径。

班主任老师对心理异常学生的疏导是很重要，但一个人的力量毕竟太微弱。班级内可组建关爱小组，关心照顾心理异常学生；或召开主题班会，用集体的力量感召孩子。同时，老师也要引导家长正视孩子的心理健康水平，并劝导家长带出现心理问题的孩子及时就医，接受专业的心理咨询和治疗。

❈安全小贴士❈

在转变学生的异常心理方面，家长是不可忽视的力量。班主任可以请心理专家开设关于学生身心发展阶段特点的讲座，传授一些与孩子沟通的方式方法；也可以利用电话和短信平台，及时把孩子在学校的情况告知家长，优点请家长适时给予鼓励，不足之处，也请家长一起与其探讨做得到、行得通的方法；还可以针对学生在某个时期出现的反常行为，密切关注，采取行之有效的措施。这样，就可以避免有的家长因批评不当后，孩子的心理变异，也可以预防因家长求好心切，唠叨、频繁说教甚至打骂后造成的孩子说谎、懦弱、孤独、固执、粗暴，甚至阳奉阴违等不良习惯。

❈拓展视窗❈

美国科学家从生理学角度解释青少年情绪不稳

美国纽约州立大学的科学家最近发现，大脑在压力状态下使成人的情绪获得安静的机制，对青少年的作用却恰恰相反，会使他们更容易紧张。

这是科学家首次从生理学角度解释青少年为什么情绪不稳定。

这项最新研究结果是纽约州立大学的生理学家史密斯做出的,刊登在12日出版的权威杂志《自然神经科学》上。史密斯教授发现,通常当大脑感到压力时,就会接通一些接受器,用一系列化学物质,其中包括一种称为THP的类固醇做出反应。对于一个成年人或年轻人,THP会降低焦虑。但对处于青春期老鼠的试验发现,THP却可以增加焦虑。

就青少年来讲,THP等化学物质会引起他们的焦虑,而这种焦虑又会进一步造成更尖锐的压力。个人如何反应,依据他们性格的不同而有差异,如有的人可能会哭,有的人可能会生气。史密斯教授还说,青少年大脑的反常现象可以用他们生命这段时期的荷尔蒙波动来解释。他改变了实验老鼠大脑中的荷尔蒙水平,获得了实验的成功。

❖管理感悟❖

没有教师对学生的直接的人格方面的影响,就不可能有深入性格的真正教育工作,只有人格能够影响人格的发展和形成。

——(俄)乌申斯基

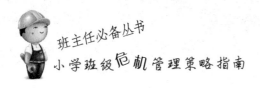

第六章　小学班级公共关系
危机管理策略

☆ **本章导读** ☆

纵观人类历史，各种危害社会和人类的危机是不可避免的。而现在学校出现的大量危机现象，一方面让我们看到了一些临时性的预防、补救措施，另一方面我们也看到学校并没有充分认识到其重要性和必要性，还没有把它当作一项管理工作进行操作。而小学班级作为学校最为重要的组成部分，它所涉及到的公共关系危机更成为影响学校危机管理的重要力量。班级公共危机的突然爆发，会严重威胁到学校的正常教育教学秩序，并可能带来其他不良后果。一般而言，班级公共危机包括学生和教师的冲突、家长和教师的矛盾等方面；还包括班级事件被媒体曝光之后和平复学校重大公共事件的影响。

本章内容分四小节对小学班级公共危机管理策略进行阐述，我们以案例为依托，以更专业的视角对学校和教师如何应对班级公共危机提供信息，通过比较详细的阐述让教师了解如何着手应对危机，最终达到教书育人的和谐统一。

第一节　师生冲突

【本节导读】

班级是一个大家庭,这里有几十个人,每个人的性格特点和心理情况都迥然不同,突如其来的偶发事件不可避免,而教师作为这个大家庭的家长,每天和孩子们朝夕相处,避免不了要与这些孩子们发生一些冲突,合理有效的处理措施能促进班级良性发展,而不科学的处理不但会使班级不稳定、不和谐,师生关系和身心健康也都将受到影响,而且教育教学的效果也会大打折扣。

案例1:

2008年,我担任五年级一个班的班主任,由于是刚刚接手的班级,所以对班级的情况不太了解,只是听说有一个学生非常调皮、经常不完成作业,和老师同学多次发生冲突,也许是这名学生对我感到陌生,他少安勿躁了一段时间。然而,这段和平时期没有维持多久,就被一场本不应该发生的风波打破了。班里男生张某的父母离异多年,他被判给父亲抚养,父亲常年在外打工,同时另立家室,对张某很少过问,家中有一年迈的奶奶与张某相依为命,由于无人看管,他经常与学生打架、逃学、不完成作业等等。可以说,在其他老师的眼中,张某是一名不讨人喜欢甚至有些讨厌的学生,一个星期一的早上,第一节是数学课,正当我在办公室备课时,班长急匆匆地来

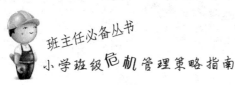

报告，张某和数学老师因为作业的事情发生了冲突，我顿时火冒三丈，心想：肯定是你没完成作业，还不服从老师的管理，还反了你了？我绝不允许这样的事情在我的班级里发生。我急忙来到班级，只见数学老师怒气未消，站在教室门口，我为自己的班级有这样的学生感到羞愧，接下来我便对张某进行了一番痛斥，班级鸦雀无声，只听得见我的怒吼，这时，我似乎听到有一个声音说："老师，我真的完成作业了。"声音虽小，但却穿透我的内心，我愣住了，寻找着声音的来源，只见张某低着头，满脸通红。我问："作业在哪？"他说："放在数学老师的办公桌上了。"只听见数学老师说："我根本没看见有你的作业本，为什么大家的都在那，就没有你的，你分明就是在找借口。"也许是再次受到了误解，张某的眼睛瞪得又大又圆，一脸不服气的表情，大声喊道："我写了就是写了，你凭什么不相信？"眼看一场师生之争发生在即，我立刻大声喝止住了张某，看到他满脸泪水，事情在班级闹得这么大，如果没有一个合理妥善的解决，那么以后班级就会变得混乱，更不好管理，我这位班主任就毫无威信可言，我决定暂时先把怒气放在一边，静下心来分析一下情况，为了不把事情再一次闹大，我把张某叫到办公室，仔细询问了他在家完成作业的情况和早上来交作业的经过，再听完他的话之后，我们再次来到数学老师的办公桌旁，仔仔细细、上上下下地查找一番，最后我们在靠近墙边的桌子缝隙找到了，他长长地出了一口气，说："看，我说交了的，你们老师就会冤枉人！"听到这么刺耳的话语，我很难受，我知道，我必须要心平气和地跟他好好谈谈，消除他的这些想法，帮助他树立正确的价值观，打铁要趁热，我帮他分析了事情的经过，明确自己都有哪些做得不对的地方，当然，也分析了数学老师的不够冷静，就这样，我晓之以情，动之以理的说服教育，我感到他有一些信服，也主动去跟数学老师道歉，接下来的几天,我注意观察他的作业情况,并放大他的优点,让他在同学面前找回自己的信心,我看到了他的眼睛再次有了光芒,一次午休,他主动来找我说:"老师,我一直都想跟你一声谢谢,你肯相信我,也肯听我说话,还帮助我认识到了自己的错误,让我明白了许多道理,我以后一定会好好努力的,不会让你失望。"就这样,我们成为了好朋友,而不再是他以前眼中的"坏人"。

❈诊断分析❈

通过上述案例我们不难看出,教师具备分析形势及处理危机的能力直接关系危机的事态和发展,这位教师在冲突中能够选择冷静、科学的处理方法,不仅没有使冲突升级,反而取得了学生的爱戴和信任。

案例2:

一天下午,我在办公室批改作业,突然隔壁班级的英语老师气冲冲地带了两名学生回来,不用说,肯定又是犯错误了,还没来得及打探,只见这位老师就已经劈头盖脸地训斥了,语言比较犀利,可以看出此时老师非常生气,但是从话语中我已经听出了事情的大概经过,两名学生因为矛盾在课堂大打出手,导致老师无法进行教学,所以,这名老师正在指责他们共同的过错,并没有就两人的根本矛盾想出调节的办法,在一番教育之后,老师的气似乎消了,可她不曾想到,两名学生的矛盾却在悄然增加,以至于放学后,两人再次大打出手,其中一名学生受伤比较严重,住进了医院。如果教师当时能够及时解除这个危险的信号,我相信,这场冲突是可以避免的。

❈诊断分析❈

通过这个案例我们不难看出,教师是否具备分析形势及处理危机的能

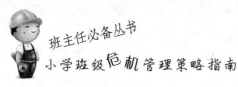

力直接关系危机的事态和发展,可以说,上述案例存在着双层冲突,既有师生冲突,又有生生冲突,但是不管是哪种冲突,我们的教师都应具备审视事态发展的能力,这位教师不但没有根本地解决矛盾,反而在无形之中使冲突升级,问题没有得到解决,徒增了新的矛盾。

❖案例警示❖

如果一名教师不具有辨识危机和处理危机的能力,那么一个危险的信号可能会逐渐演变成大危机,教师具备了应变危机的能力,就有可能及时化解危机,更重要的是教师的这种意识和能力,会让一名在所有人眼中的"坏孩子"有勇气改变自我,这不止是挽救班级危机,解决师生冲突,更是育人之根本。

【理论课堂】

一、班级管理中的师生冲突

研究者多从社会学角度借用冲突的概念对师生冲突进行界定。陈振中认为,师生冲突是师生由于在目标、价值观、资源多寡等方面的差异而产生的对立、分歧和相互干扰的教育教学互动。李金霞则认为,师生冲突是指师生之间由于教师权威和学生主体性意识增强而引起的针对同一对象发生的或隐蔽或公开的对教育教学造成一定干扰的一种社会互动。

二、师生冲突的表现

1. 肢体冲突

当学生不服从教师管理教育时,教师采取命令学生站立、走出队列、离开教室或没收学生物品等措施,对学生实行体罚、变相体罚,学生因自尊心受到伤害而进行反抗。

2. 语言冲突

表现为师生因情感、思想等方面的严重分歧甚至矛盾激化,发生的语言上的对抗。

三、师生冲突产生的原因

1. 教师和学生对彼此角色的定位理解不完整。许多老师认为,按照传统的教育观念,学生对教师必须是绝对服从,可我们的学生的思想已经发生了改变,他们有自己的意识、自己的主张、自己的判断和见解,这使得师生冲突的产生有了可能。

2. 师生双方沟通低效甚至零沟通。面对师生之间出现的问题,我们大多数的教师选择是自主判断、自行解决,不能很好地给学生一个说话的机会,俯下身子,听听孩子的心声。

3. 一些学生缺乏尊敬师长的礼仪习惯,也容易引发师生冲突。当前,学生基本上都是独生子女,由于娇生惯养,这些学生"唯我独尊",目无尊长,在家不尊敬父母长辈,在学校不尊敬老师。当其违反纪律被老师批评制止时总是表现出一副不屑的态度,从而激怒老师,造成师生冲突。

4. 学生行为的偏差使老师不能容忍,导致老师情绪失控。一些学生行为习惯存在较大问题,他们任性、骄横,做事不计后果,更不愿意接受批评和指责。这些学生经常捣乱,甚至非常放肆,导致课堂教学无法正常进行。在老师批评制止时又挑衅老师的尊严,当老师的心理底线被突破时,就会发生冲突事件。

四、师生冲突造成的影响

师生之间的冲突不可避免地存在着,冲突是一种破坏性的力量,同

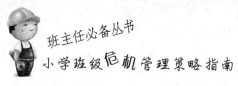

时我们认为它也是一种健康成长的力量。

从积极的方面看，冲突的产生能够激发我们的探索欲，我们要想办法解决问题，就要不断寻求新的方法；冲突也能使一些隐藏的问题表面化，只有爆发出来了，才明确知晓，才能着手去解决；冲突还有利于师生之间进一步加深了解，以及催生班级中必要的合理的新规范的建立。

从消极的方面看，冲突容易使师生双方产生对立情绪，如果冲突没有得到及时的解决，双方关系就会陷入恶性循环之中。另外，师生冲突会直接影响教育教学的成果。在课堂教学中，如果发生师生冲突，教师必定要花费一定的时间去处理，这样教学的时间和秩序就被打乱，甚至整个课堂都会陷入难以控制的混乱之中。在班级管理中，如果发生师生冲突，则对班级中的正常秩序和人心稳定带来不利的冲击。

【应对指南】

一、师生冲突的预防

1. 尝试用表扬代替批评。那些容易和老师发生冲突的"问题学生"在班级一般得不到老师的表扬，而老师们习惯于对他们大声呵斥，批评指责，很少关心他们，长此以往冲突就产生了，如果我们尽量夸大他们的优点，帮助他们找回自信，我想班级就会太平许多。

2. 尊重每一位学生。在工作中，老师往往喜欢听话的孩子，对于那些顶嘴的学生总会受到老师的批评，他们有理由替自己申辩的时候，却得到说话的机会，老师武断地阻止会让学生觉得老师不再相信自己，以后也不会再申辩了，表面上学生被你征服了，可实际并没有，还会由此产生敌对心理，播下了叛逆的种子，冲突由此产生。

二、师生冲突处理策略

1. 理性面对问题冲突。智慧的妥协是一种美丽，冲突产生后要让自己冷静下来，让问题冷却，不要在气头上做出决定，而是理性地选择适当的方法解决冲突。

2. 暂时回避，或交由第三者处理。情绪激动之际训人，其实最没有什么效果，一方面用词过于严重，一方面达不到解决问题的目的，如果这样，为了使冲突不再升级扩大，请求一位信任的同事代劳。

3. 善始善终，做好善后的工作，教师应在双方平静的情况下，与学生再次面谈，务必让学生了解事件的不对之处，以达到教育的目的。

❖安全小贴士❖

师生关系的正确处理是其他关系处理的前提，它直接影响教育目的的达到。因此，只有正确对待和处理师生之间的冲突，才能促进良好师生关系的发展，下面为老师提供几点小建议：

1. 沟通冲突双方，促进心理接近。

2. 互换角色，形成宽容理解的心理气氛。

3. 充分发展学生个性。

4. 造就民主气氛，转变教学作风。

❖拓展视窗❖

青少年学生正处于身心发展的过程中，其人生观、价值观尚未完善，辨别是非的能力还较差，容易受所处环境中暴力文化的误导。因此，营造和谐的文化氛围，净化他们的成长环境，是减少其和教师冲突行为的必然之举。在学生的成长环境中，对其行为习惯有较大影响的主要是家庭环境。学校

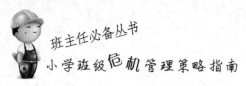

应和家长经常沟通交流，让他们意识到自己作为孩子第一任教师的社会职责，时刻注意自身的言行，使孩子处于和睦的家庭氛围中；自觉做孩子行为的表率，发挥积极的榜样教育作用。另外，一个对学生有重要影响的环境是媒体，尤其是电视、网络媒体。这些媒体中充斥的暴力文化，是学生与教师产生冲突行为的非常重要的诱因。

因此，学校和家长应共同努力，减少学生接触这些媒体中暴力文化的机会，并同时给其提供具有正面教育意义的电视电影。此外，还应提高学生辨别是非的能力，让其自觉抵制不良文化，主动净化自己的成长空间。

❖管理感悟❖

管理的艺术在于沟通的技巧和真诚。

第二节 家长与老师的冲突

【本节导读】

随着社会的不断进步和发展，现在的家长越来越重视孩子的学习和成长，这些期待也对学校和教师都提出了更高的要求。同时，当前教师的新教育理念与家长的旧评价机制存在一些矛盾，部分教师的专业素养有待提升，教师权威的逐步消解等诸多原因，家长与教师会在学生的教育问题上有时会发生冲突。正确地认识家长与教师间的冲突，积极地解决冲突和矛盾，对双方良好关系的建立、对学生的健康成长具有重要的意义。

案例1:

2009年，我担任毕业班的班主任，班里男生江某是一名单亲家庭的孩子，母亲在他很小的时候就因病去世了，父亲长年在外打工，对孩子疏于照顾，家中有年迈的爷爷奶奶，孩子在家几乎没人能管，上学时常逃课、打架斗殴、还时常和初中部分学生向低年级的学生威胁要钱。一天早晨，一名低年级学生家长找到学校，他们家的孩子昨天下午放学后被高年级的一个孩子打了，那个孩子向他借钱，他没有，就挨打了，经过调查，证实此事正是江某所为。我十分气愤，把他喊到办公室狠狠批评了一顿，并告诉他第二天不要再来了，到了第二天他真的没有来上学，我有些担心，打电话询问，他的奶奶告诉我今早他怎么也不去学校。我有些担心，但随即一想：就得给他点教训。我叮嘱老奶奶好好看着江某。第三天上午，我正准备上课，从未谋面的江某的父亲，突然出现在教室门口，他一见到我就开始大声嚷嚷："说我不让他的孩子上学，还吵着要找校长，要去教育局投诉。"呼啦一下教室周围炸开了锅，学生一下都涌出来，别班的学生也跑出来看热闹。这时我已经意识到了事态的严重，我努力让自己冷静思考下一步的做法，同时还让学生回教室，我把他请到办公室，给他机会让他讲，我听，还点头附和，没有反驳一句，让他尽情发泄着他的怒气，讲了好一会，我说："您作为一名父亲，我可以理解您今天的行为，但这并不是解决问题的办法呀？我想您不只是想找我来打架，那么我们应该想一想事情如何解决呀！"听我这么一说，他低下了头，我们进行了一次心平气和的交谈，明确了孩子的问题，也找出了帮助孩子的方法，他也不好意思地向我道了歉。

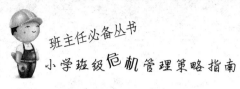

❈诊断分析❈

在这个案例中，由于教师在批评学生的过程中没有注意使用恰当的方法，引发了冲突，但在冲突发生之后，教师能够冷静处理，换位思考，让家长发泄出他的脾气，选择家长关心和亟待解决的问题与之进行沟通，寻找出双方同一目标物，共同解决问题，当然，如果我们遇到不容易沟通的家长，首先要保障自己的人身安全。

案例2：

据报道，2010年四月的一天，某县实验小学正是学生上学的早高峰时间，一名学生家长带领数人来到学校门口准备为自己的孩子讨个说法，据家长称，该校一名男教师对自己家的孩子进行了较为严重的体罚，并对孩子的心理产生了不好的影响，孩子已经产生厌学情绪，这名家长还声称，自己已经找到了这名教师，但该教师没有承认事情自己有如此严重的责任，所以家长来到学校讨个说法，一时间，校门口事情闹得沸沸扬扬，最后，一名校长出面把家长请进学校了解情况。

❈诊断分析❈

这起家长和老师之间的冲突并不是多么严重，不可调解，只要那位教师在冲突产生的开始能以积极的态度去面对，找到适当的方法去调解，能够清清楚楚地和家长进行沟通，而不是急于推卸责任的话，这场冲突不会闹得这么大，正确的做法应是教师遇到冲突，不要选择回避，而是冷静面对，以积极主动的态度想办法化解。

上述两个案例中出现的家长和老师的冲突，是我们在生活中经常听到或看到的，由于家长与教师的教育观念存在差异，致使某些教师的行为不能得到家长的理解和认同，加之教师不注意自己的教育行为，不能很好地控制自己的情绪，使得冲突有发生的可能，但教师在面对冲突时，要理智，积极面对，回避拒绝都不利于冲突的解决。

【理论课堂】

一、家长与教师之间的冲突必然存在

家长与教师之间的冲突可理解为在家长与教师直接或间接的互动过程中，由于双方文化背景、价值观念及相互期望值等的差异，导致在儿童的教育问题上所产生的相互排斥、敌对的行为或心理状态。

小学生年纪尚小，在解决各方面问题的能力上有所欠缺，因此家长出于爱护和望子成龙的心理，非常关注这些处于起步阶段的孩子在校的生活和学习情况，家长与老师在孩子教育问题上不免出现一些分歧乃至冲突。德国一位社会学家就曾指出：在社会交往的诸多形式中，"冲突"与"合作"是两种最值得关注的形式。任何一种形式的社会合作中都存在社会冲突，完全和谐的社会合作是不存在的，并且不存在冲突的群体即使存在，也是没有生命力的。

因此，家长与教师之间的冲突是客观存在的，正视冲突，对于双方合作关系的建立具有重要意义。

二、家长与教师之间冲突的主要特点

1. 中介性。家长与教师很少有机会进行直接的交往，双方冲突的

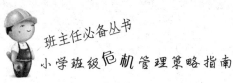

发生及内容往往是源于第三者——学生,绝大多数家长与教师的冲突都是因为孩子的教育问题。除了学生,学校也是中介的一种,教师作为学校的委托人和代言人与家长进行沟通。

2. 隐蔽性。家长和教师由于教育背景、信仰、价值观等方面存在差异,但双方或其中的一方并没有意识到分歧已经发生,有时冲突会处于隐性的对立状态,即隐性冲突。还有一种情况是家长对待冲突时出于害怕教师对自己的孩子有偏见,影响孩子的发展,常常采取回避的态度,隐藏冲突。

3. 二重性。家长与教师之间的冲突是客观存在的、不可避免的,他们之间的冲突并非绝对具有破坏性的,有些冲突反而具有建设性,只要把冲突控制在一定的强度和频度范围之内。家长与教师之间的任何冲突都是建立在学生利益基础上的,因此家长与教师冲突最好的解决办法就是努力达到"双赢"的效果。

三、家长与教师之间冲突产生的原因

1. 随着社会的不断进步和发展,更多的家长开始注重对于孩子的培养,期望值逐渐增高,对于老师的要求也是与日俱增,家长对孩子的关注和教育方法与教师的教育行为存在差异,导致冲突容易产生。

2. 教师新的教育理念与家长陈旧的评价机制相矛盾。虽然素质教育的呼声愈来愈高,但是应试教育的惯性和隐性作用依然存在,因此家长依然会用分数来判断和衡量教师的工作,实际教学中会遇到一些问题,使得家长和教师的冲突存在可能性。

3. 新课改下教师的压力过大。在新课改的推行过程中,很多教师感受到了压力,据中国人民大学公共管理学院组织与人力资源研究所和新浪教育频道联合启动了"2005年中国教师职业压力和心理健康调查"，调查结果表明，中国教师面临较大压力。有34.60%的被调查教师反映压力非常大，有47.60%的被调查教师反映压力较大，两者加起来占到了被调查教师的82.20%。教师在新课改中的压力来源可概括为：学生和家长，上级主管部门或学校，新课改的评价体系，新课改的支持环境，教师个体应对新课改的能力等诸多方面，新课改对教师的客观要求和家长对教师的期望值增高，新形势下的教育对教师的要求越来越高。

4. 家长对自身教育权利的认同感增强。家长是孩子法定的监护人，是学校教育的纳税人，随着对自身教育权利的认识逐步加深，他们开始意识到自己对孩子教育的责任与权利，积极主动地介入到学校教育场域中来。然而，从目前来看，这种介入的监督性要胜于建设性，因为家长们是出于对孩子的保护和自我权益的维护，所以更关注的是其子女所接受的教育影响是否恰当，教育服务的质量和效益水平如何，其子女在班级中能否获得公正的待遇，及对其认为不妥的教育行为向教师提出质疑。这样就难免会与教师发生一些冲突。

家长与教师之间的冲突如果沟通解决得好，有利于教师教育教学能力的提高、家长教育方法的改进，也能促进儿童的良好发展。但如果处理不好，就会降低家长和教师彼此间的信度、削弱彼此的教育效果。因此，从教师的角度，我们应该采取主动态度，促进与家长之间良好合作关系的建立。

【应对指南】

家长与教师之间的密切合作关系并不是轻易就能形成的，由于家

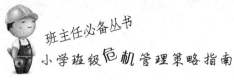

长和教师在文化背景、价值观念及相互期望值等方面存在差异,冲突、分歧不断涌现,只有逐渐减少甚至消弭冲突才能最终走向合作。那么班主任如何来应对、解决这些冲突呢?

首先,班主任要理性地看待与家长之间的冲突。既然冲突是客观存在的、不可避免的,那么当冲突发生的时候,我们要冷静面对,积极化解,而不是选择逃避,那样只会让冲突恶化,甚至升级。

其次,班主任要有积极主动的沟通意识。以真诚和责任为前提的沟通,才能博取家长的信任,激起其坐下来深度沟通的欲望,最终形成有效的双向沟通。家长和老师是孩子成长的重要引导者,只有双方相互协作,竭尽所能地为孩子的成长铺路搭桥,才能达到共同的目标。这样,家长和老师之间就会多一份交流,少一些冲突。

最后,在处理与家长的冲突时,班主任应明确自己的认识:

(1)班内无小事,无论事情大小,都要本着对学校和学生负责、谨慎、认真的态度处理。

(2)若说平时的教育、管理是涓涓细流,那么,突发性事件就是一朵朵小浪花。家长的误会也是正常的,班主任要以一颗平常心去对待,立足长远,避免对学校的负面影响。

(3)处理中要保持冷静平和的心态,切忌以个人喜恶来影响处理的方式和结果。

(4)发生问题时,家长一般都处于较为激动的状态,不能冷静思考,若此时一味压制,容易适得其反,走上极端。因此,要学会把握合适的时机,讲究科学性,加强与家长的有效沟通。

(5)处事要实事求是、公正无私,让家长心服口服,既要立足校纪校规, 又要考虑学生的长远发展, 站在学校的角度考虑问题, 处理的目的还是为了学生。

（6）不要把突发事件看作坏事（也许结果很恶劣）, 把它看作一个成长的契机, 在问题的处理中让当事人和全班同学的思想和认识得到升华。

❖安全小贴士❖

家长与教师的沟通方式可以不拘一格。家长和教师交流的方式很多, 当面交流是很好的方法, 但如果家长平时工作繁忙, 或有紧急的事, 也可以通过电话与教师交流。现在, 大部分教师都把自己的联系方式公布给了学生和家长。此外, 家长如果有些话不方便当面讲, 或是电话里讲不清, 也可以采取信件、邮件等形式与教师交流。有些家长还会在学生的作业本中直接同教师交流, 因为作业本是教师每天都要看的, 教师可以在作业本中及时回复他们, 这样的沟通学生也可以看到, 能够充分感受到家长和老师对自己的关注。

❖拓展视窗❖

对话是沟通的最佳方式

真正的对话要求有多种声音, 但不仅仅是指二者之间狭隘的语言的谈话, 更多是指双方的"敞开"和"接纳", 是对"双方"的倾听, 是双方共同在场, 互相吸引、互相包容、互相参与的关系。真正对话关系的建立, 除了注意言说的内容和方式外, 二者之间的非词语传播方式, 词语的内容含义和语调、语气等都会影响冲突的发生。

引导家长与教师之间的冲突向建设性方向发展的对话应该是这样的：

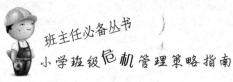
处于对话场景中的双方地位是平等的，双方相互承认、相互尊重、相互肯定。教师褪去权威，对学生的生活、他们的家庭及文化倾向进行一种接受性的、开放性、同情性的、真诚的、帮助性的聆听，使对方"敞开"，同时使自身适时介入。

❀管理感悟❀

班主任需要跟家长强调，一定要有与教师主动交流、沟通的意识，有了问题及时交流看法，避免不满的累积。

第三节　班级事件被媒体曝光之后

【本节导读】

媒体作为人体能力的延伸，大大地提升了传播者的传播能力，使信息传播能够到达更为广阔的空间。媒体带给人们的影响是巨大的，受传者不仅能够通过媒体以相对便捷的途径了解外面的世界，更重要的是能够给他们带来主观世界的变化，影响人们对周围人情和人性的看法，进而影响其思维方式和生活方式的改变。随着网络、广播、电视等媒体的日益发达，发生在社会每个角落的重要事件都会被不同程度的报道，校园内班级内的焦点事件当然也不例外，只要出现非常态变化，具有新闻价值都会成为媒体捕捉的对象。所谓"好事不出门，坏事传千里"，被曝光的绝大多数都是班主任和学校领导不想被更多人所知的事件,如:发生事故、引发冲突等,但媒体却希望挖掘到真实的情况,矛盾客观存在,如何处理? 当报道后的情况引发较大的负面影响,对学校或师生个人造成严重后果该怎么办? 若报道失真,谣言四起,又应如何面对呢?

案例:

2011年10月的一个下午,正当某小学教师办公室的老师都在安静办公的时候,二年级一班的张老师被一阵突如其来的铃声吓了一跳,自己没有想到的是电话的内容更是让这位刚刚走上工作岗位两年的年轻教师不知所措,电话是当地教育局打来的,照例询问个人信息之后,就宣布了对张老师的处理决定,张老师被开除公职。为什么如此年轻的新教师会受到这么严重的处理呢? 事情还得从10天前发生在张老师班级的一件事情谈起,这天早上,张老师跟平常一样检查学生的预习情况,坐在第二排的同学陈某正在跟后面的同学做鬼脸,弄得班级同学哈哈大笑,作为一名年轻的班主任,张老师非常气愤,走到陈某的桌子旁边批评他,但是陈某一副不以为然的样子让张老师更加愤怒,便用手抓住陈某的下巴对他进行说教,不料这时,陈某的门牙掉了,陈某放声大哭,张老师看到这种情景就想用"有效"的方法让陈某不要再哭了,便大声喝止住学生,一场风波看似结束了,没想到巨大的危机随之而来,放学时陈某的奶奶来接他,一眼就看出了孙子的门牙掉了,就询问他为什么门牙会掉了呢? 陈某说:"是我们班主任打掉的。"听他这么一说,陈某的奶奶就来到办公室找到张老师,一上来就指责班主任老师的不是,尽管其他的老师也在帮忙劝解陈奶奶不要生气,事情不会是你想的那么严重,这里面一定有误会的,可陈奶奶根本不听这些,

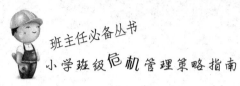

还说要去电视台揭发张老师，起初大家都以为陈奶奶说的是气话，没想到第二天电视台真的为此事来到学校进行调查，一时间，这次风波闹得沸沸扬扬，影响很大。学校的领导、当地的教育主管部门也多次找张老师了解情况，希望张老师就此事向家长道歉，尽快平息事件，可张老师拒绝道歉，她认为并没有体罚陈某，只是时间上非常巧合，最后事件的结局就是我们在前面介绍的一样。

❖诊断分析❖

通过这个案例我们了解到，这位班主任所管理的班级出现了一次我们并不在意的小危机，事件性质并不算严重，却对这位班主任产生了严重的后果。我们知道现在的媒体资源十分丰富，媒体的影响力较大，无论是电视媒体，还是我们现在越来越熟悉的网络资源，都会对我们产生一定的影响，而被媒体报道出来的班级事件都会将锋芒指向我们的老师，这时候，我们有必要站出来将事情的前因后果解释清楚，是我们的责任，应学会承担，不是我们的问题，也无需沉默。案例中的这位班主任面对问题时所采取的办法是不可取的，逃避不是最好的选择。

❖案例警示❖

我们坚信，人与人之间相处真诚坦率是诚信的基础，同样也是学校取得家长和社会信任的基石。当班级危机出现时，一些学校担心校园危机事件会影响学校的声誉，都会选择掩人耳目，息事宁人，也不愿采取严厉的措施。校园危机发生时，学校和班主任都应该坦然面对媒体和学生家长，迅速反映，快速处理，即对媒体采取主动、积极、合作的精神，提供相关的信息。

【理论课堂】

一、学校与媒体的关系——从对立走向合作

学校和新闻媒体可以说是一对"欢喜冤家",彼此之间的关系既是相互合作、相互依赖,但有时又会产生矛盾。媒体是社会舆论的重要监督力量,有对学校工作实施监督的义务,但媒体有时不免进行失实的负面报道,对此,学校及老师无疑会感到愤怒和委屈,以至排斥一切媒体报道。其实,学校和媒体之间只要从大局出发,把握住了相互需求,相互体谅,努力实现双赢,很多方面是会取得一致的。学校工作有时也需要通过媒体宣传来争取家长的支持和理解,同时媒体对校园丰富的新闻资源也很青睐。但如果学校只考虑自身需要,不考虑媒体和家长的需要,强硬要求发布对自己有利的消息,不准发布不利消息,不仅会引起新闻媒体和社会群众的反感,也违背了学校工作的基本原则。

学校与媒体合作关系的建立关键在于提高舆论引导的有效性。学校应通过对外加强沟通合作,对内强化自身素质,提高班主任应对媒体的能力,增强舆论引导的正向发展,争取社会舆论的主动权。对外沟通合作要求有关部门要善于和媒体搞好关系,要以交朋友的态度,以诚相待、主动沟通、加强联系,通过媒体来促进学校的工作,以新闻的形式来达到宣传意图,有效扩大正面评价,及时化解或减弱负面评价,塑造学校的良好形象,优化学校工作的外部环境。

学校不仅仅在危机事件曝光时才与媒体打交道,在常态工作中也可以与媒体接洽,主要途径有:一是搭建与媒体的互动平台,定期发布消息,加强交流,增进感情,实现双赢。主动、诚恳地加强与媒体的沟

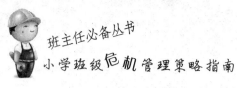

通，充分向媒体提供学校工作活动的有关信息，达到实现校务公开和占领舆论阵地的双重目的。同时，还可以定期或不定期根据工作的需要举办见面恳谈会、听证会等，及时向媒体通报情况，倾听媒体的意见和建议，以赢得媒体的理解和支持。二是做好舆论引导的策划。在新政策、新规定以及工作推进中的新举措出台前，预先制订舆论引导的工作方案，以保证舆论引导在前。根据学校工作进展，有计划、分阶段地进行舆论引导，既有效地开展了工作，又避免引起媒体的负面炒作。由于经常与媒体接触，一旦发生突发事件曝光，也能争取媒体的全面报道，并有能力从容应对。

二、媒体曝光班级事件——一把双刃剑

能被媒体曝光的班级事件一般都是比较敏感的，如，老师的做法让家长不满、班级的制度有不合情理之处、班级活动造成学生损伤等等，往往正在处理的当头，被媒体追踪报道，使学校和班主任措手不及。但这也不完全是坏事，新闻或网络的曝光其实是一把双刃剑，我们应该全面看待。

1. 媒体曝光班级事件的积极作用

现在是网络盛行、传媒大热的时代，公众通过媒体的传播能关注到校园中的教育进展，即使事件可能是负面的，但要相信公众是有独立判断力的。发挥媒体的舆论监督作用，对班级的危机事件进行报道，能够澄清误解，阻止谣言，促进事件更快更好地解决，让我们的工作在阳光下有效地实施。同时，敢于被报道，也向公众展示了学校面对危机的勇气，对于提升学校的形象与声誉具有一定的促进作用。

2. 媒体曝光危机事件的不良影响

如果班级和学校在应对危机事件中表现得不理想，被媒体曝光，只能增加应对压力，使学校陷于更被动的局面。随着报道越来越多，给学生在校的学习和生活也将带来影响，人心浮动、传言四起，无心就学。有些家长若是动辄就将班级事件曝光，使之扩大化，会造成教师心理压力过大，不利于其稳定工作。

【应对指南】

班级事件被曝光后，造成的舆论危机是应关注的，应对媒体舆论的策略主要在于：

1. 合作。通过与媒体的合作，快速收集事件信息，发布官方信息，解疑释惑，最大限度地控制危机信息传播，化解或减少危机造成的损害。危机发生后，很多学校出于对自身形象的考虑，通常不会公布危机处理的细节。这样很多事实在一定时期内，都以一个比较模糊的形象呈现在学校内外公众面前。这种模糊的信息并不能满足群众对信息的需求。学校危机的处理以及后续影响问题必定会成为大众传媒捕捉的焦点，媒体将事件大肆渲染后会把随意猜测的结果发布出来。这样大众媒体也为谣言的传播提供了平台，其实这也是不与媒体合作的后果。

2. 公开。本着对公众负责的态度，也为了制止谣言的负面影响，在突发事件发生后，应该立即启动舆论应急预案，主动联系媒体，力求在第一时间准确发布信息，及时、坦诚表明官方的立场态度、处置意见和工作进展，才能抢占先机，赢得主动，引导群众理智客观地看待问题，平息萌芽中的群众非理性舆论压力。通过召开新闻发布会、

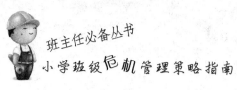

通气会、恳谈会、听证会等互动形式，及时答复来自媒体的各种质询，有针对性地向媒体做好说明解释，不给媒体进行炒作性报道的机会。

3. 正向引导。在坦诚面对媒体的同时，还可以借助媒体通过多种渠道，比如电视、广播和互联网等来组织正面宣传，引导媒体和公众更多地关注正面信息。同时对学生和家长要有针对性地及时消除其疑虑与误解，争取他们的理解与支持。

4. 学习应对技巧。在学校内，应注重强化班主任在危机事件后应对新闻媒体的技巧，采取有效培训，增强班主任应对媒体的能力和水平，在日常的工作中，需要班主任逐步树立应对突发事件新闻舆论应急意识，正确认识学校与媒体之间形成的"宣传策划媒体报道群众关注群众支持"的良性互动关系。同时加强自我培训，把"如何处置班级危机事件、如何面对媒体"作为日常学习内容，加强与媒体记者的互动，提高应对媒体的能力。一些小技巧会对我们有些帮助，如：回答记者提问时不要重复负面术语；不要推测原因、损失或任何其他猜想，给媒体要提供确实准确的信息；如果无法说清楚或解释为什么，不要做"无可奉告"，"请不要报道此事""不在采访范围之内"等表述，诚实回答"我不知道——我以后回答你"。

❋安全小贴士❋

在面对每一次危机时人们心里都会问的三个问题是：发生了什么、事情是怎样发生的、为了确保类似事件永不发生，应该采取何种措施。获得及时准确的信息是社会上每个人的需要，同时也是杜绝谣言的必由之路。

❀拓展视窗❀

班级危机中的谣言控制策略

谣言控制是班级危机管理的重要组成部分。同时谣言的防范令人觉得毫无头绪，班主任作为班级的管理者不可能做到面面俱到，危机发生后更加有机可乘，提供了滋生谣言的机会。同样的，学校和班级危机管理中的谣言防治也应该从这时着手。当谣言产生时，班主任应及时做出判断，确定立场、观点以及处理方案，以争取班级学生的信任与支持，避免事态恶化。

1. 班主任应及时做出决策

班主任首先要将事件的过程上报，要求内容简洁明确。首先是要明确班主任准备对此次危机采取的应对措施，其次要明确提出本次危机解决的目标。班主任的及时决策可以防止学生对危机缘由的无端猜测，是防止谣言产生的重要手段。

2. 约见家长，讲述危机事件

信息社会中新闻媒体在社会中的地位和作用日趋重要，由于职业需要，他们比学校本身更关注危机的进程和结果，而家长也习惯通过新闻媒体获取事件信息。如果班主任不主动联络家长，而任由媒体对危机事件的始末进行推测和臆断的话，那么势必会促使谣言更加泛滥，使得家长议论纷纷，最终损害到学校的形象。因此，学校危机发生后，班主任应及时与家长对话。

3. 做好与班级内部学生的沟通

危机发生时，班级里的其他学生所承受的心理压力大，会影响到

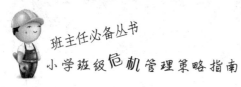

信息的吸收能力，可能发生错误。在危机发生初期，班主任要在危机发生的第一时间内与班级学生进行沟通，满足其他学生的的信息需求，并且确保发出的信息一致。危机和谣言可以说几乎是一对孪生兄弟，若对谣言不加控制，必然会加剧危机的破坏力，影响班级和学校的健康稳定发展。只有及早入手，认真对待谣言，才能根本有效地预防谣言，从而为实现由危机到转机的转变创造条件。

❋管理感悟❋

新闻发布会是学校与媒体的直接对话。危机事件发生后，学校应及时指定发言人与媒体对话。所发布的内容事先要经过危机管理小组的讨论；发言人最好是由学校的领导人员来担任，这是新闻发布会能否达到目的的关键。

第四节　平复学校重大公共事件的影响

【本节导读】

一些严重的突发危机事件常常对学校的工作产生极其不利影响。同时，由于突发危机对学校工作具有突发的破坏性、无序性等特征，对学校领导能力是个考验。作为一名班主任，对于全班学生的安抚工作更是重中之重，班主任必须面对客观事实，不能感情用事，掌握突发事件发生后的安抚策略和艺术，做好安慰学生心理的必要准备。

案例1:

2000年9月,某市一所的中学爆发学校午餐中毒案,由于午餐中毒人数高达154人,近1/10学生中毒,人数之多,历年来少见,引起学校家长及社会大众的极度重视,媒体也大幅报道。危机发生经过如下:9月16日上午发现有60多名学生请病假,到校学生又有80多人陆续发生腹痛而回家就医或医务室治疗,到了下午又有多人请假,校方才发现可能是食物中毒,报请卫生局处理。区教委关心该中学爆发的集体食物中毒案,实地到校了解学校发生食物中毒的发生经过与善后处理情形。由于卫生单位化验检体,查不出祸首,学生家长炮声隆隆,讽刺查不出病因,可以解读成"非典型"中毒,区领导也对找不出原因相当纳闷。卫生局长坦承这次确实罕见这样疑似食物中毒人数庞大又查不出病源的情况。一时间,此事件在当地闹得沸沸扬扬,学生的心理和学习生活受到很大影响,学校食堂一度禁止开放。学校发现午餐食物中毒之后,除了通报相关单位之外,为了减损危机所带来的冲击与伤害,也采取下列应变措施:(1)在尚未查明祸首之前,学校决定暂停厨房烹调,改向邻近的机场空厨订购食品。(2)校长表示学校发生这种事,学生心理难免受到冲击,学校积极为学生进行心理辅导,也将第一次段考试时间顺延一周进行。(3)召集全体厨工到校消毒并清洗厨房。(4)学校的相关领导看望生病的学生,班主任及时安抚在校的其他学生,尽量减轻学生的心理负担。

❖**诊断分析**❖

通过上述案例,我们了解到如果学校发生了重大公共危机事件,不仅学校会受到影响,更重要的是事件发生会对学生的心理方面造成一些影响,这些影响可能是一时的,也许会影响学生更长的时间,为了能够尽量地

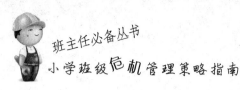

降低危机事件对学生造成的影响，班主任需要在危机事件以后及时对学生进行危机干预，这种干预必须是科学有效的。必要时可以聘请心理学家对学生进行心理辅导，帮助学生走出危机事件的影响。

案例2:

四川汶川地震，由于地震发生在学校正常的教学时间，因此所有在校的学生成为牵动了所有人，因此我们的搜救人员首先集中力量在学校集中的地区进行搜救工作，正是这个原因，许多学生都得救了。有一名叫小明的男孩子，他的父母都在地震中失去了生命，得救后他被送到一个临时的援助机构，虽然有人照顾他的起居饮食，但是他却在很长一段时间里都会回想起自己被埋在废墟底下的情景，经常会出现一些恐慌的情绪，直到灾后重新回到学校，他的班主任王老师发现了小明的问题，王老师开始关注小明的表现，经常和他谈心，并且请教一些心理专家来帮助小明走出阴影，慢慢的，小明变得开朗起来了，他的脸上出现了久违的笑容。

❀诊断分析❀

通过案例我们了解到，这名班主任通过自己的细心和耐心帮助一名学生走出阴影。作为一名小学的班主任，我们所面临的学生在年龄和阅历、知识等方面都还处在发展的阶段，他们经历危机事件时的承受力要比我们成年人小很多，所以在经历一些严重的危机后，班主任需要多关心自己的学生，做好一些心理安慰和安抚工作，帮助学生减轻心理压力。

❀案例警示❀

从儿童心理发展的角度来看，这个时期学生思维的发展处于感知运动期,学生的记忆能力是支离破碎的,不具备完全架构故事的能力。这个时期的学生最突出的特点是活泼好动、好奇心强、好提问题、易冲动、自制力差、易受暗示、模仿性强,表现为受什么样的暗示就会有什么样的结果。因此,案例二中的学生才会受到这次地震危机的影响。现代的我们与以往相比更可能遭受物质损失、人际失调等事件,从而造成人们心理上的危机,这已经成为不争的事实。因此在当今社会,人类应当具备一定的处理身边危机事件的素质,以尽可能减小危机事件对自己的伤害,否则等到危机给人造成心理创伤后才去做弥补性的工作,我们会付出很高的代价。对于处于成长阶段的小学生来讲,他们需要面对许多未知的世界,加上他们面临一系列的成长性危机却限于年龄与阅历而无法有效应对,就要求班主任应当具备这一素质,帮助学生走出危机给他们造成的心理阴影,当学校发生重大公共危机事件后,班主任要及时安抚学生,帮助他们保持良好的心态,不受到危机事件的影响,或尽量减低影响。

【理论课堂】

一、危机后实施心理干预的必要性

学校危机已构成袭击社会的现代病,在现代学校中,出现了比以前更多和更严重的危机,这些危机,对于经济未独立、生活尚不能完全自理的小学生来说,不能依靠自己的能力摆脱或缓解,只要情景存在、事件存在,大多数学生就不能摆脱危机带来的情感、认知、行为方面的失调,他们会以下列三种方式对危机做出反应:第一种情况是在理想的情况下,当事人能够自己有效地应付危机,并从中获得经验,发展自我,当危机过后,他们产生了积极的变化,使自己变得更为成熟;但是这种

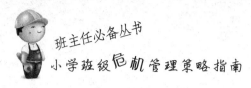

情况是很罕见的。第二种情况是当事人虽然能够度过危机，但只是将有害的后果排除在自己的认知范围之外，因为并没有真正解决问题。在以后的生活中，危机带来的不良后果还会继续影响当事人的心理健康；第三种情况是当事人在危机开始的时候心理就崩溃了，如果不及时提供有效的帮助，他们就不能继续面对生活。很多已经发生和正在发生的悲剧不断提示我们，开展学校心理危机干预工作很有必要。当学校中出现了轰动的突发事件，即使不在自己班级，每个学生都会或多或少的在心理上受到影响。如：当学校中有学生因一点矛盾而自杀；有教师对学生过度体罚造成伤害；有学生在活动中受伤等等。虽然这些事件的发生是偶然的，但对学生心理的影响是不容忽视的，也可能出现模仿行为，造成隐性伤害，还会影响他们正在形成的世界观、人生观和价值观。因此，学生的心理危机干预工作应该引起学校教育工作者更多的重视。

二、危机后心理干预的现状

当前学校开展心理健康教育已经受到各级教育管理部门的广泛重视，在学校心理咨询的工作过程中，班主任作为青少年心理健康的积极预防工作者，主要精力投入在心理健康的宣传普及教育上，或者通过心理健康辅导课，或者通过心理健康辅导讲座，或者通过个别咨询的方式及时缓解学生的心理问题，而对危机后创伤的心理干预缺乏足够的专业智能，急需进行专门培训或请专业人士予以解决。

三、危机后心理干预的开展

心理危机干预工作从过程上来讲，应分为预防性干预、引导性干预、维护性干预、发展性干预四个过程。应该说，从事件可能发生前，心理干预就开始了，一直到事件发生中、事件发生后以及心理康复后如何促进当事人继续成长的问题都是心理危机干预者工作的范畴。

当学校突发事件应急救援结束后,需要进行恢复工作,恢复包括短期恢复和长期恢复。短期恢复在救援结束后立即进行,短期恢复工作包括事件当事人、目睹事件的学生及老师、事件当事人的家属等的心理咨询与救助,保险赔偿,教学设施的修缮,教学秩序的恢复以及突发事件应急救援预案的评估等。而长期恢复主要包括学校重建,受影响区域重新规划和发展,应汲取事件教训完善学校日常的安全管理制度,完善学校突发事件的监测和预警机制等。

【应对指南】

在班级或学校发生重大危机事件时,学生们的心理会受到不同程度的影响,由于处在小学阶段的学生应对危机事件的能力弱,心理素质和承受力较低,所以危机所产生的影响对于他们来说是长久的,班主任需要在重大危机事件后对学生进行相应的心理辅导和一系列必要的安抚工作,帮助学生尽早回到正常的学习和生活中来,尽自己最大努力降低影响。

首先,班主任要主动拉近与学生之间的距离。这样学生会降低警惕心,可以进行真心对话,愿意把他们心底的情绪释放出来,不管学生出现什么样的情绪,愤怒、伤心哭泣等都不可粗暴地打断。还要认真倾听学生的话,尽管家长和教师对校园暴力有很多话要说,但在面对学生时,一定要做一个倾听者,让学生把内心的想法和感受表达出来。最后,对于有着同样经历的学生群体,如共同目睹了暴力事件发生,共同因为身边同学的受害而感到无法抑制的悲伤、失落,教师可以组织团体

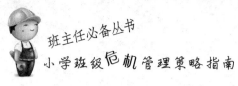

心理训练,形成心理支持,一起渡过困难时期。

其次,尽量把事件片段化。如果遇到汶川地震的严重危机之后,我们要做的是:让学生接纳"恐怖情绪",而不是转移和强化这种印象。同时,有时候我们用一些错误的信息来故意抵消恐怖回忆也是有必要的,这样的语言虽然不符合事实,但比较符合儿童的语言特点和思维能力,比较容易被其接受,进而再慢慢处理。

再次,有时候学生会不断提及以前的突发事件,作为一名班主任,应该敏锐觉察到学生的好奇心理,千万不能用老师的语言去回应,多学会用儿童语言。有时候可以不回答,微笑也是一种很好的回应方式。

最后,我们一直在强调从保护学生的角度去选择处理的手段,是不是所有的事件都应该隐瞒真相呢?实则不然,事件的真实过程最终还是要让学生知道的,只不过我们人为地推迟了时间,因为这种推迟是符合儿童心理发展规律的,一旦提早就会产生不良的影响。

❖安全小贴士❖

教师应该有寻求心理帮助的主动意识,当经历危机事件后,自己的痛苦不能承受时,记得求助心理咨询师,借助专业心理咨询达到宣泄情绪,减少心理伤害的目的。

❖拓展视窗❖

美国的学校危机干预经验

美国教育部2007年给学校危机干预的指南,详细地提供了关于学校危机干预的信息。如列出了学校可能出现的许多自然的和人为的危机事件,并提供了学校危机干预的四阶段模式以及具体的行动指导。同时,也给出了学校在制订和贯彻自己的危机干预计划时应当遵守的一些原则：如发挥领导层在危机管理计划制订中的作用，并使得相关成员责任明确；学校危机计划的制订不要凭空想象，而是要注重教职员工和学生的需要；学校危机干预要与当地的媒体以及心理健康专业人员等进行交流，以增加他们对学校的了解；要与法律执行机构以及消防机构一起来制订学校危机干预计划等等。而且，在本指南的第六部分给出了详细而又具体的危机应对信息来指导学校危机干预计划者执行他们的计划，内容包括学校如何与家长、社会以及媒体合作，如何制订学校危机的警戒级别及其相应的行动等等。

美国维吉尼亚州教育部门也制订了学校危机管理计划，对本州学校的危机干预进行指导。这个计划作为地方教育部门的意见显得更为具体，也有一些自身的特色。如指出校长应当是学校危机干预队伍的领导，建议其他人员如教师、学校护士以及学校社会工作者参与学校危机干预。这个指导计划特别指出了教师在危机干预中的责任是保护学生。如在危机发生时，引导学生撤离危机现场、维持学生集合地的秩序、检查每个学生的具体位置和身份等。另外，这个指导计划还建议每个班级配备一个危机反应包，挂在醒目的位置，以便于在危机发生时使用。本指导计划也提到了在假期发生危机时学校应当如何应对。如向危机干预队伍成员发布信息，要求其所有可能聚集的成员召开一个会议，确定受危机影响的学生的亲密朋友或同学，将危机事件通告教职员工或受影响学生的家庭，并向他们推荐合适的社区支持资源等。可见，国外教育行政部门对学校危机干预的参与是提供指导，而不是行政的指令（如美国教育部的指南中明确写明其目标在于给学校提供好的危机干预计划的概念和构成要素、激励人们去思考自身的危机干预计划方案、向学校提供危机干预行动的范例），而且内容翔实。这一

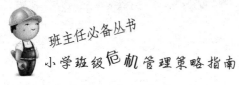

方面保证了不同的学校危机干预能有一个基本的标准，另一方面也为学校危机干预提供了更多的信息资源参考，以便不同的学校能结合自身实际来进行有针对性的干预工作。

❖管理感悟❖

有理性的人避免夸张不愉快的情况，而是继续面对，并积极地去改变，有理性的人是独立负责的，他们只是需要时，才去寻求帮助，如果我们的思考是理性的，我们就能得到更接近客观的评价，总能快速找到正确的解决问题的方法！

第七章 班主任危机管理意识
与技能的修炼

☆ **本章导读** ☆

目前，我国校园危机事件频繁发生，引起了社会各界对校园危机管理的重视，作为第一线管理者的班主任是否具备危机管理意识与技能是影响校园安全管理有效性的重要因素，班主任作为与学生朝夕相处的最密切的交往者需要参与到危机管理中来。这就要求我们在教师教育一体化培养的全过程中必须加强危机教育的培训，提升教师尤其是班主任应对危机的意识与技能，并修炼出过硬的心理素质，如此才能更从容地应对危机。

第一节　常存危机意识

【本节导读】

当前，无论是社会还是我们一直认为相对安全的校园，危机却是无

191

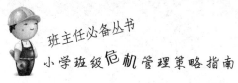
处不在的,它有时可能是比较明显的,有时也可能是比较隐蔽的。恩格斯曾说:"一个聪明的民族,从灾难和错误中学到的东西要比平时多得多。"班主任需时刻警惕班级中可能发生的危机,使自己具有超强的危机意识,随时准备迎接挑战。

案例1:

2005年9月1日,福建南安市石井镇13岁的女生小旋突觉头疼,被送往医院抢救,没想到竟一去不回,永远地离开了疼爱她的家人。几天后,小旋的父母在整理女儿遗物时,意外地发现一本上锁的日记本,长达15页的日记里记录着小旋长期遭两名同班男同学玩笑式的欺负,整天生活在恐惧和不安中——

"在这学期初,我不幸坐到小风旁边,但从开始调座位后,小风经常打我的头,就像开玩笑一样,却让我心惊胆战的,一天不超过五次才怪。经过我座位就打我的头,让我动不动就会头痛,都快被打成傻子了。""小风还警告我,如果老师骂他,他也要打我。"这样的欺负小旋默默忍受了一年半,却从没主动向父母和老师反映过。

"小风是班上最胖的,不止小旋,我们都被他欺负过。我有一次看到他欺负小旋,就叫他不要再欺负人了,结果也被他打。"一名与小旋是同学的女生说道。"你们被欺负后,有告诉老师、家长吗?""没有,担心他知道了以后自己会被打得更厉害。"这些同学几乎异口同声地说道。

※诊断分析※

我们不相信在长达一年半的时间内,班主任从来没有看到过班级中有学生被欺负的蛛丝马迹,我们更相信班主任看到了也没在意,以为没什么大不了,不会有什么严重后果。尽管学生最终死亡了是一个偶发事件,但就算不发生这样的悲剧,也会导致学生间关系紧张,难道都没有关注一下吗?这就是疏忽造成的结果,也是缺乏危机意识的后果。

❋案例警示❋

"冰冻三尺,非一日之寒。"任何危机的爆发都是由细小隐患累积发展而成的。班主任要长存危机意识,具备分析辨别危机的能力。并辨识出它们将产生的后果或影响,以便采取相应行动,执行科学方案,尽快解决危机。如果教师没有危机意识,你就很难注意到警告信号,因为本身还有其他工作的压力在等着你,如果班级中发生了紧急突发事件或者什么事情看起来不太对劲,对于一名优秀班主任而言,就意味着你需要注意这些警告信号,需要考虑是否应该采取适当科学的行动以防止事态的发展,毫无疑问地会选择现在处理问题,以避免将来出现更大的问题。

当然,并不是所有的弱点或警告信号都会转变成危机。但一个集体的所有的参与者都要相信警告信号有可能变成危机,放任问题发展是不可原谅的。

【理论课堂】

近些年来,越来越多的危机事件在校园发生,不仅为学校带来了损失,也威胁了学生们的安全和健康。然而作为学校主要成员的班主任群体的危机管理意识淡薄的现状却令人担忧。有必要让班主任了解危机意识的内涵、常存危机意识的重要意义等方面的知识,在理论方面先成长起来。

一、危机意识的内涵

从心理学角度看,危机感是一种心理素质,它是人们从外在环境中

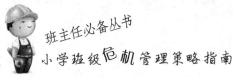

体验到的危机或挑战的一种心理感应, 这种感应转化成危机意识, 则会产生出对个人安危的关注情结。而班主任的危机意识培养, 则是指教师在教育教学和管理学生过程中有意识地促使自我危机意识的形成, 激发自我心理和意识上的危机感应和危机意识, 进而激励自我居安思危、奋发图强, 并以自觉的社会责任感和历史使命感化解危机。

班主任面对的班级危机事件, 除了严重的自然灾害外, 还有离校出走、聚众斗殴等许多方面的严重突发事件。这些危机事件一般具有突发性、紧迫性以及破坏性等特点, 如果处理失当, 会给学生、班级乃至学校带来严重的后果。因此, 班主任应长存"危机意识", 在班级面临突发事件时, 及时采取有效措施, 尽量减轻或避免危机事件给班级带来负面影响, 切实保证学生的生命安全和切身利益, 维护正常的教育教学秩序。

二、长存危机意识的意义

(一)有助于使小学班主任在危机发生时的应激反应迅速有效

班主任要树立预防为主、教育在先、注重实践、狠抓落实, 以避免或减少危机发生的方针。此外居安而思危, 谋定而后动, 这也是危机管理教给我们的道理, 因时制宜、因地制宜, 有组织、有系统、有步骤地教育与训练, 就能达到事半功倍的效果, 使危机发生时我们的行动反应迅速、有序而且有效。

(二)有助于实现班级危机管理常规化, 确保学生安全

随着教育的发展和社会的变化, 人们对于小学班主任的能力和素养的要求不断提高, 不仅要求班主任有过硬的专业素养、教学能力、科研水平, 还希望班主任教师在教育过程中有爱心、耐心、激情、热情、责

任感,同时要求班主任与时俱进,紧跟教育动态理论,不断适应教育领域新的发展和环境。所以,近年来教育管理领域的热点课题学校危机管理也将成为衡量班主任综合素养的一项新的内容。小学班主任不断地加强班级危机管理方面的研究,参与到学校危机管理的演习与实践中,将危机管理的意识融入到班级的常规管理中,做到未雨绸缪,防微杜渐,防患于未然,有利于更好地履行自身的职责和使命,为学生营造安全稳定的学习环境,保障学校正常的教学管理秩序,确保青少年学生健康安全的成长和全面发展。

(三)有助于提升小学生对校园及班级危机的认识及应对技能

从我国小学教育的现状来看,小学生与教师相比,危机管理方面的意识更为薄弱,更加缺乏危机管理方面的知识与应对技能。究其原因,一方面是由小学生生理和心理发展的特点决定的:小学生身体处于生长阶段,各方面的机能也尚未完全成熟,普遍的情商、智商发展不完全,敏感脆弱,苦难教育缺失。另一方面,如果小学班主任危机管理观念淡薄,就会限制青少年学生对于学校和班级可能出现的危机事故的认知和预防措施及应急策略的学习。所以,班主任首先要从自身出发充分认识和理解危机管理,不断提高自身危机管理的技能和方法。并向青少年学生传递危机前如何预防和发现,危机发生时如何反应和处理,危机出现后如何应对和恢复等相关思想。只有这样,小学班主任才能在危机发生的状况下带领班级的学生有条不紊、从容镇定地减轻危害,把握机遇。

【应对指南】

班主任只有长存危机意识,才能更好地应对处理突发的校园危机

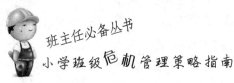
事件,保障学生的安全,促进教育的安全发展。那么如何培养小学班主任的危机意识呢?

首先,学校整体应该发挥一个总指挥的作用,积极拓展小学校园的危机管理研究,建立健全完善的危机管理体系,全面涉及危机发生、发展的各个阶段。学校有了整体的完整的计划和体制才能权责细化,让全校教职工尤其是班主任同样用危机管理的理论武装自己,从而促进老师提高自己危机处理的实践能力。

其次,学校应为全体小学班主任及在校各科老师开设一些危机管理相关讲座、报告会、研讨会等。如有关医学、心理学类的讲座,帮助班主任及科任教师妥善处理学生日常的伤害,和对学生心理危机进行疏导。使班主任会用多种学科知识去认识解决危机问题和安全问题,并为班主任在工作岗位实施安全管理、安全教学打下基础。

最后,要注意开展日常的危机管理理念宣传学习工作,使广大师生员工对危机管理有较为全面深入的认识。

※安全小贴士※

作为一名班主任,班级里几十名孩子的安全都需要维护,究竟依靠什么才能有效地维护学生们的安全?使得他们能够健康快乐地学习和生活,我想班主任老师的危机意识一定是必不可少的,也许有的人会觉得是杞人忧天,没有必要,但是我们看看发生在周围的案例,仔细地想想,我们还是觉得这种危机意识的存在既是对学生和家长负责,也是对我们自己的一种保护,所以在平时工作中,我们一定要做一名有心人,用自己的爱心、耐心、关心去长存危机意识,保护学生,促进教育的安全发展。只要这样,当危机突如其来的时候，我们才能迅速反应，沉着应对，将伤害降到最低。

❖拓展视窗❖

危机意识也叫危机感，在心理学上，危机意识是指一种心理素质，它是人们从外在环境中体验到威胁与挑战的一种心理感应，这种感应转化为危机意识，就是对个人所面临的情境产生警觉和敏锐力的一种能力。危机意识与对紧急处境的应变能力密切相关。危机意识可以由经验获得，也可以由学习获得，相对而言，在面临相同情境之下，经历过危机事件的人的危机意识必然高过未经历者。但因为危机事件的突发性和偶然性，再加上经历过危机的人毕竟是少数，所以大部分人仍需要主动保持适当的危机意识，于是就有了危机意识教育。危机意识教育是指有意识地运用教学手段，创设相应的刺激环境，展示事物的危机因素，以促使人危机意识的形成，激发人们心理和意识上的危机感和危机意识，养成居安思危、处变不惊的良好心理素质，并以自觉的社会责任感和历史使命感，为化解危机而奋进有为。

危机意识应当成为教师教育过程中不可缺少的一个内容，或者说是一种观念。

❖管理感悟❖

安而不忘危，存而不忘亡，治而不忘乱。——《易经》

然后知生于忧患，而死于安乐也。——《孟子》

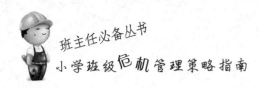

第二节　指导预案演练，提升应对技能

【本节导读】

面对频繁发生的突如其来的各种班级危机，光有危机意识还远远不够，应对危机所需的相关知识学习与技能训练更是必不可少的。关键时刻，这些应对技能会发挥非常大的作用。如：急救知识与技能。因此日常的工作中，一方面我们要培养班主任的危机意识，提前制订完善的危机预案，同时，定期进行危机预案的演练，不断促进师生应对危机技能的熟练。

案例1：

原告陈某与被告范某、李某系同校学生。一次体育课上，肖某将排球踢出学校围墙。为翻墙捡球，陈某提议，由范某、李某分别抱住其双腿，协助其爬围墙捡球。爬围墙时不小心头着地摔下。范某、李某见状后将陈某送往学校医务室。医务室老师为陈某头部做冷敷后，进行观察。同时与陈母联系，因联系不上，陈某的班主任即骑车去陈母单位找陈母。下午三时许，陈母单位的同事来到学校，将陈某送往医院治疗。后经医院临床诊断颅内出血，脑疝形成，致左上肢、左右下肢瘫痪。经法医学鉴定后：1. 伤者头部受伤致左侧颅顶部硬膜外血肿，蛛网膜下腔出血继发脑疝，经医院开颅手术等抢救治疗后目前右侧大脑半球萎缩，左上肢及双下肢瘫痪，生活不能自理。参照有关规定,属2级伤残,伤后给予营养8个月。2.伤者颅脑外伤后如能及时送医院进行抢救,采取颅内减压等治疗,一般不会产生颅内高压继发脑疝,出现目前如此严重的后果。陈某起诉当地区人民法院,以学校管理上的失职及延误医疗时间,造成其终身瘫痪为由,要求学校赔偿医疗费、护理费、营养费、致残损失费等经济损失计96万余元及承担今后继续治疗的费用,并要求学校承担教育陈某至高中毕业的责任。几经申诉,根据最高法院复函精神,最后判决陈某承担55%的赔偿责任,学校承担40%的赔偿责任,其他两位学生承担5%的赔偿责任。

※诊断分析※

通过上述案例我们不难看出,发生事故的这名学生是不幸的,小小的年纪就瘫痪了,即使取得一定的赔偿,但陈某自己也为此付出了较大的代价。在这起危机事件当中,我们注意到班主任老师在处理危机事件时并无可参照的预案,也不具备一定的急救常识,事故发生后,学生头部受到重创,应该第一时间将学生送往医院,而不是先将伤者留在医务室并在其父母联系不上的情况下一直等待,最后产生了比较严重的后果。我们在法医学鉴定报告中也看到,伤者颅脑外伤后如能及时送医院进行抢救,采取颅内减压等治疗,一般不会产生颅内高压继发脑疝,出现目前如此严重的后果,因此,我们的老师尤其是班主任在危机来临时,应辨析事态的情况,做出科学的应对,不要让危机扩大化和严重化,同时想办法将危机产生的不良后果降到最低。

※案例警示※

作为一名班主任,在完成教育教学工作的同时,有责任不断提升自身应

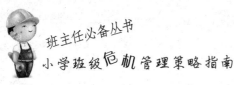
对危机的技能，虽然当真的危机来临时我们有很多情况无法预料，但只要在平时加强演练，相信一定会卓有成效。

【理论课堂】

一、提升教师危机应对技能的必要性

1. 职责要求

新修订的《中小学教师职业道德规范》充分反映了新形势下经济、社会和教育发展对广大教师应具有的道德品质和职业行为的最基本要求。在新规范中，最引人注目的是"保护学生安全"，这是由中小学教师职业特点所决定的。尤其是小学教师，面对的教育对象是自我保护能力很弱的儿童，教师责无旁贷要保护每一个学生的安全。但安全保障不是等事故发生之后再来检讨原因，而是应该采取积极的行为防患于未然。这就要求每个班级都应有一套可操作的危机管理预案，但仅靠预案和书面协议还不够，还应强化教师处置突发事件的演练，增强教师处置突发事件的技能，只有这样，才能使教师知道面临危机该怎么做，从而提高自身防范风险、应对危机的能力。

2. 现状堪忧

在我国，很少有人参加过危机模拟演练，对于危机来临时如何躲避的知识也大多是偶尔看到或听到一些片段，缺乏完整的学习和演练，以致发生危险时手足无措，坐以待毙，酿成惨剧。中小学的教师和学生都不同程度地缺少必要的避险、自救和互救常识。加强教师应急知识宣传教育，增强其应对危机的能力，是有效降低人员伤亡和事故损失的重要手段。同时在教师中开展应急教育培训，不但成本低、见效快，而且教师面对的教育对象是广大中小学生，能影响到全国亿万家庭。教师通过对广大中小学生进行应急教育，不仅使他们学会自救互救知识，提高自我生存的能力，而且他们还可以用学到的知识去影响家庭及周围的人，发挥媒介宣传作用，对普遍提高全民的防患意识，增强避险救护能力，最大限度地减少突发事故带来的危害具有现实意义。

二、如何开展教师危机教育

1. 面向全体教师。危机的发生经常带有突发性和危害性等特点，因此危机的预防和处理不只是学校领导的工作，而应该是全体教职员工尤其是班主任的职责，每一位教职员工都应具备随时发现和应对危机的能力，因此危机教育必须是全员教育。

2. 坚持不懈。危机的形态和类型是无法预测的，不同时期的校园危机也具有不同时期的特点和处理方式，所以危机教育必须是终身教育的一项重要内容。以前我们的校园危机主要表现传染疾病或食物中毒等公共性危机，如今，学生自杀等严重危机已经引起了社会的普遍关注，还有部分地区的地震等地质灾害危机更是威胁着老师和学生的安全，因此必须要坚持危机教育常抓不懈。

3. 加强危机教育的实际演练。等到危机事件发生才仓促上阵，肯定不如事先设定情境进行演练有效。因此，加强危机教育的实际演练很有必要。平时在校园活动中就可以模拟一些自然灾害（如地震等）、公共危机（如火灾等）的情境，发动全校师生参与其中，以便当危机发生时更加沉着、冷静地面对危机事件。

4. 在师范类高等院校开设应对校园危机的课程是一个有效的捷

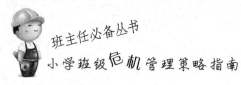

径。通过开设相关应对突发事故的选修课，以实践性课程和角色扮演训练来普及各种应急知识、技能和心理辅导等，使未来教师们掌握必要的防护技能，具备一定的自救、互救能力，以便在将来的工作中能够在面对真实的突发状况时，做出恰当的反应，消减因此带来的紧张感和手足无措。

5. 各级学校还可将应对危机的教育与新教师入职教育和职后继续教育结合起来，在这些教育中加入相关课程，并协同特定职能部门制订教师危机教育培训考核标准，对教师的危机应对知识和技能进行系统培训，完成全部教学内容，经考核合格后，发给教育结业证书。考核成绩作为教师综合业绩考核的依据之一。

【应对指南】

班级安全应急预案范例

为切实保障全班学生的人身安全，及时妥善处理我班发生的安全紧急事件，提高紧急情况处置的快速反应和协调水平，维护班级正常的教学秩序，根据有关法律、法规、政策，结合我班实际特制订本工作预案。

一、指导思想："三个代表"重要思想和科学发展观为指导

建立班级安全应急处理机制，迅速、及时、积极地开展各项处置工作，最大限度的降低损失，有效保障学生及班级财产安全，切实维护教育稳定和社会安定。

二、健全、完善班级安全管理制度

成立以班主任为主体，班干部为主力的安全管理体制。

三、做好安全宣传教育工作

1. 每天利用早读进行安全教育。

2. 隔周召开一次安全主题班会。

3. 配合安全教育活动，每月出一期以安全为主题的板报。

四、疏散办法

1. 如果遇到紧急情况需要全体同学撤离教室时，由班主任、副班主任、任课教师、班长（以上四级是指前一级不在现场时由下一级）下达命令执行本方案。

2. 全体同学撤离教室时，应当按照规定前一半同学走前门，后一半同学走后门；有序地撤到走廊，成两路纵队按规定方向及楼梯下楼，并由体育委员带到操场指定的安全位置，成四路纵队集合，班主任老师清点人数。

3. 班主任、各任课老师要按自己的分工坚守岗位，在第一时间到达岗位，组织学生按指定的路线有序撤离。各岗位人员要认真负责，时刻把学生的安全放在第一位，当学生全部撤离教室后，老师、管理人员方可离开。

五、疏散要求：

1. 全体同学撤离教室时，应当绝对服从现场指挥人员的安排，不得大声喧起哄、拥挤，要沉着冷静，避免受到伤害。

2. 集中上下楼梯时段，特别是晚自习放学、就餐、课间操出操、大型集会等集体活动时段，各楼层要自行适当错开上下楼梯时间。

3. 要教育、督促学生严格遵守"错梯制"、"错时制"规定。要教育学生在楼梯间行进中做到"三要"：一要靠右行走，二要缓慢行走，三

要互相礼让；"十不"：一不抢先，二不奔跑，三不拥挤，四不推撞，五不嬉笑打闹，六不聊天，七不弯腰捡拾物品，八不停下系鞋带，九不停留等人，十不逆向行走。

4.必须保证班级所有学生均在队伍中进行疏散，无一遗漏。

六、类别划分

（一）事故：主要有教学事故、交通事故、火灾事故、校舍倒塌事故及其他造成人员伤亡事故。

（二）事件：主要有突发公共卫生事件、重大恶性群众事件、影响重大的社会治安案件以及其他危害班级正常教育教学秩序事件、破坏学校和社会稳定的突发性事件。

（三）灾害：主要有暴雨、洪水、台风、雷击、地质性灾害、破坏性地震、火灾等。

七、各类事故应急预案

（一）食物中毒应急预案

1.发现师生有类似食物中毒症状时，应迅速送学校医疗室进行初诊，同时拨打"120"电话或送医院进行处理。

2.迅速向教育局及卫生防疫部门报告。

3.做好所有食物食品取样工作，以备卫生部门检验。如是食用校外食物所致，也积极配合有关部门取样。

4.迅速排查食用致毒食物的师生名单，并检查他们的身体状况。

5.及时通知家长并做好家长和家属的工作。

6.积极配合上级有关部门做好诊治、调查事故、处理等工作。

（二）交通事故应急预案

1．发生交通事故后，应迅速将伤者送到医院进行抢救。

2．迅速报告上级教育和交通部门。

3．组织保护好现场，看住肇事车辆及肇事人以备交警部门进行事故处理。

4．及时通知受伤者家属。

5．积极配合交警做好事故处理。

（三）其他突如其来的伤害事故应急预案

1．如社会人员到校对学生造成伤害时，学生要及时向班主任或学校报告，其他同学要采取积极措施进行制止或疏散。

2．班主任和学校接到报告后，立即组织人员进行制止，并拨打"110"报警。

3．对伤者应及时送医院就诊。

4．及时上报教育部门。

5．迅速配合公安部门调查事故发生的原因，并做好有关材料的收集。

6．通知受伤者的家长或家属。

7．妥善处理事故。

（四）火灾事故应急预案

1．发生火灾事故时，在向119消防指挥中心报警的同时，立即报告学校和上级教育部门。

2．迅速切断有关电源。

3．迅速疏散学生，撤离到安全区域。

4．积极配合消防人员救火。

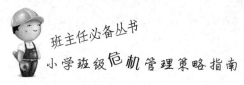

5. 在进行灭火的同时, 应采取有效的隔离措施, 防止大火蔓延。

八、报告程序: 建立健全安全紧急情况报告制度, 严格落实学生, 确保安全紧急情况信息报送渠道畅通、运转有序。上报时做到及时、准确、全面、不漏报、不虚报。报告内容为: 事故发生的时间、地点、单位、事故的简要情况。

九、善后处理: 班主任要协助学校切实做好死难、受伤学生家长的安抚、慰问工作, 消除各种不安全因素, 维护学校稳定。

十、调查与结案: 协助学校和相关部门依据国家有关规定, 按照属地为主、分级负责的原则和紧急事件的等级, 对突发紧急情况及时展开调查, 查清事实, 查明原因, 限期报结。

❈安全小贴士❈

突发事件信息上报程序

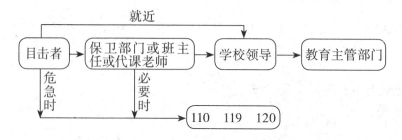

❈拓展视窗❈

"霍布森选择"

一些管理者在处理突发事件时, 能够果断决策, 但容易急于求成, 以个人主观价值判断代替突发事件本身的价值判断, 从而使自己陷入没有选择余地的"霍布森选择"。所谓"霍布森选择"就是只有一个方案、没有选择余地的"假决策",这是决策的大忌。因此,不能把"有限理性"和"满意"原则当成是管理者在处理突发危机的关头拍脑袋、灵机一动的决策就是满意的,这其实是一种领导艺术不高或没有领导艺术的表现。管理者还是应当在已有知识、经验基础上,运用直觉、想象力、创新思维,找出尽可能多的方案进行抉择,以"有限理性"求得"满意"结果。

❀管理感悟❀

在《人性的弱点》中,作者卡耐基介绍了解决忧虑、处理事情通用的三个步骤:

1.适应无法避免的事实,接受已经发生的事。

2.分析问题,找出各种能解决问题的方法以及可能产生的最坏后果。

3.做出决定,然后照办。

第三节　强化心理素质,做到临危不乱

【本节导读】

在一切危机的面前,我们需要的是处变不惊的心态和临危不乱的勇敢。这样,一旦危机来临,我们就能做到心理稳定、迅速进入应急状态,将平时学到的应急知识发挥出来,降低危机损害程度。小学班主任在应对突发公共危机事件时,应该牢固树立危机意识,强化心理素

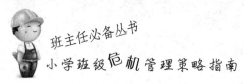

质,冷静应对危机,做到正确判断和果断决策。尤其是刚刚走上工作岗位的青年教师,更应该不断加强心理素质,能够在危机突发时恰当应对。

案例:

一位年轻的女教师李某,当着两名校领导面,向一名学生及其亲属下跪。随后,她疯了,住进了精神病医院。事情起源于师生间发生的一次小冲突,由于学生王某学习态度不端正,老师随手拿出纸团扔到他的身上,他当即愤而转身欲离去,老师要求王某把纸捡起来归还,王某没有理会老师的要求。随后,老师将王某带到办公室教育,由于她所在办公桌的位置位于办公室门口,学生们挡了路,此时,李某试图把学生拉开,但王某两次拳打老师的右手腕。据该校校长介绍,当天晚上,他把王某父母叫到校长办公室商量处理事谊。在王某道歉以后,李老师依然不肯原谅学生,要求王某转班或者转学。见老师不肯原谅学生,校长只好让家长把孩子带回家“好好接受教育”。之后,王某的家属多次到学校大吵大闹,还曾经带了十多个人,在办公室围着李老师威胁谩骂。在一家餐厅协商时,王某的家属用威胁等各种手段迫使李老师下跪道歉,并强制让她同意王某回校读书。由于李老师感到受侮辱,精神受到严重刺激而住进了精神病院。

❀诊断分析❀

通过上述案例,在事件中我们看到了介绍到有两种危机发生,即师生冲突及家长和老师之间的冲突,不管是哪一种冲突的发生,我们的老师都应该以一种坚强的心理去面对这些,正如案例中阐述的一样,当班主任在面临一些不容易解决的问题时,首先要沉着应对,不要选择比较偏激的做法使危机加重，而是冷静地思考问题，其次，当我们能够有机会解决冲突和危机的时候，要抓住机会，心平气和地沟通，解决问题，最后就是无论我们遇到怎样的难题，都要学会调节自己，不强迫自己，也不要钻牛角尖，自我调节无效要适当求助专业人士。总之，要让自己及时走出消极情绪的包围。

❖案例警示❖

我们看到的是不幸的事件，但是对于其他班主任老师是一个教训，也是一种警示。在日常的教学和班级管理工作中，我们会遇到大大小小的冲突和矛盾，有的也许很快解决，没有造成多大影响，有的没有及时解决，就会对我们的工作和生活造成不小的甚至可以说是严重的影响。面对这样的危机和冲突，班主任老师要学会用一种平和的心态坦然面对，寻找机会将问题呈现出来，不要有所隐瞒或回避问题，使冲突双方都能清楚事情缘由，学会换位思考，将问题由大冲突转换成小事件，寻找自身的不恰当做法，积极应对，问题总会得到圆满的解决。

【理论课堂】

一、危机管理对管理者心理应急的要求

1. 沉着冷静的心理素质

态度决定一切。好的心态往往是成功的关键，尤其是在应对复杂的危机事件时，在整个管理构成中要面临很多复杂的情况和不确定因素，因此就需要有一个沉着冷静的心理素质，能够随时找到平衡，从而冷静判断，沉着应对，让危机管理能够在第一时间成功实施。

2. "稳坐中军帐"的心理示范

危机事件由于其自身的危害性和突发性会带来极大的恐慌，而这

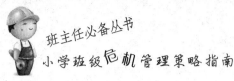

种恐慌往往由于人的心理对负面效应的过度关注而被放大。这就需要管理者心理应急所表现出来的对这种恐慌传导效应的终结。使管理者通过自身的人格魅力、语言表达能力和处事能力，成为学生心中的精神支柱。

二、危机管理中教师心理方面存在的问题

1. 当代教师尤其是青年教师耐挫能力弱，心理调节能力亟待提升。随着教师队伍的年轻化趋势越加明显，青年教师已成为学习中的主力。青年教师都是在中国改革开放后成长起来的，生活条件较富裕，人生路途较顺利，缺少生活的磨炼，个性较强，在遇到突发的负面事件时，缺少一定的应对能力，显得手忙脚乱，不知所措。作为在阳光中成长起来的人，耐挫能力较弱，遇到负面事件往往不能迎难而上，而易用消极的心态对待，从而损害自身的健康。而在逆境中成长起来的人们却习惯以积极主动的意识去化解矛盾，克服面临的问题，变消极问题为奋进的动力，以增加自我的信心。为此，在多元文化的今天，青年教师要学会直面突发的负面事件，有应对负面事件的心理知识和方法，有能力及时调节自己的心理问题，身心健康地开展教学。当今教师面对的教育对象多数是独生子女，这些学生的心理会比较脆弱，意料之外的教育教学问题也会很多，只有不断提升教师自身心理素养，才能使意志变得更加坚强，心态更加积极，工作方式更加主动，更有利于珍惜生命，体现自我的人生价值。

2. 教师应用心理学知识解决问题的能力较弱。当今大多数的教师是从全日制师范大学毕业，学过一定的教育学和心理学知识。但他们遇到问题时却不能很好地应用专业的心理学知识来解决。这也说明了我们的学校教育注重理论学习,忽视了心理素质的培养和诸多心理能力的训练,一旦遇到危机,丝毫没有心理优势,很容易败下阵来。

3. 自我心理危机干预能力差

班主任的管理工作繁忙,同时在应对危机的过程中,其自身心理也具有潜在的危机。班主任在干预学生危机事件后都会有一段时间出现情绪比较压抑的状态,特别是工作成效不显著时,班主任的心理压力会非常大,自身无法排解,容易产生强烈的挫败感,甚至怀疑自己的工作能力和努力的意义,由此带来的负面影响是明显的。因此关注班主任心理危机,避免他们因为辅导他人而致使自身心理健康受到危害,从而保证育人质量,是学校危机管理工作中不可忽视的问题。

【应对指南】

无论哪类突发事件,都会对人们心理产生相当大的冲击与压力,使大部分人处于强烈的冲动、焦躁或恐惧之中。所以班主任首先应控制自己情绪,冷静沉着,以"冷"对"热"、以"静"制"动",镇定自若,学生们的心理压力就会大大减轻,并能在班主任的引导下恢复理智,有利于突发事件的迅速及时解决。怎样才能让自己临危不乱、理智面对呢?

一、加强修养,培养并保持从容淡定的心理状态

班主任首先要通过树立正确的人生观、价值观,培养崇高事业心,自觉调整自己的意识和行为,正确处理个人与集体、社会的关系,正确对待个人得失,乐于奉献,时刻保持从容、豁达的良好心态。学生年龄比较小,对于危机事件存在着惧怕的心理,更多时候

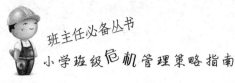
需要班主任老师帮助解决，因此我们的任务任重而道远。

二、注重身心健康，增强心理的防御能力

"生命在于运动"，我们鼓励班主任积极主动地参加各种形式的体育锻炼活动，培养良好的运动习惯，这样不仅可以锻炼出好身体，也能有效地改善心理素质。因为健康的身体，可以帮助我们拥有平稳的心态，健康有效的运动有助于控制情绪，只有保持平稳的情绪和健康的体质，才能增强班主任老师的心理防御能力。

三、加强心理危机干预，完善班主任心理健康的外在援助和支持

1.学校要积极与社会心理咨询机构合作，构建心理援救的外在环境支持。可聘请有完善的设施和高端专业人才的心理咨询机构为老师服务。注重与社会心理咨询机构建立联系，形成外在的心理帮扶体系，辅助班主任老师对突发事件及时预控，并疏而不漏地开展工作。

2.定期举行有关心理健康方面的研讨会。探索班主任面对危机事件处理过程中的心理活动规律，进行心理健康咨询，及时化解因紧张、担忧、恐惧、疲劳等带来的心理问题，引导班主任学会转移注意力，确立新的兴奋点。通过定期研讨使困惑得以抒发、感想得以交流，排遣工作中的沮丧，建立工作上的成就感，提高自信心。

四、危机来临，迅速调节，坦然面对

俗话说："养兵千日，用兵一时"。平时的积累、修炼对于危急时的心理调节具有关键作用，可以试着这样来调整自己面对危机时的心态，增强抗压性，尽快摆脱消极情绪的影响。

1.控制干扰。在已经处于压力的状态下，应该控制进一步的干扰，

让自己不再受其他细枝末节的干扰。这种干扰对已经处于压力下的管理者来说是致命的,它不仅增加他们的压力,而且可能影响他们决策的质量。

2. 思维转移。思维的转移是重要的控制方式。既然事件已经发生,要学会将心思转移到其他事情上。若这个时候我们的思想全然被危机的感受所占据,那么我们将失去应对危机的能力。只有将危机带来的感受抛开,全神贯注于自己应该怎么做,才可能战胜危机。

3. 冥想。冥想就是将自己的注意力从一件事情上轻而易举地转移到另一件事情上,并将自己的思维过程控制在其中的能力和活动。这实际上是思维转移的高级形式。一些研究者认为冥想对缓解压力的作用有四个:训练注意力;增加对思维过程的控制;提高处理情感问题的能力和帮助身体放松。他们甚至认为冥想是抵抗压力、忧郁、烦恼和否定心态的对策中最有帮助的心理学技能之一。当然,这只对已经有了这样能力的人才有用。

4. 释放情感。在危机条件下,应该允许自己体验感情。比如说,可以对自己或者对别人进行嘲笑,可以发脾气、唱歌、跳舞、哭泣等,这样缓解压力的效果是极佳的。

5. 幽默。幽默在应对危机压力的手段中获得了越来越多的重视。在应对危机的过程中,幽默所显示的特殊力量不可忽视。

6. 社会、组织和家庭的支持。对处于危机管理中的人,从社会、组织和家庭三方都给予足够的支持是缓解其压力的最有效的方式之一。家人支持性的关心和询问,组织对资源的足够投入,社会在各个方面的援助都对危机中的管理者有重要的心理支持作用。一方面可以缓解他

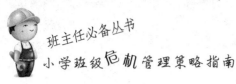

们的紧张，另一方面也让他们感觉到自己有很强的后盾，而不是独自在与危机进行较量。

❀安全小贴士❀

对于已发生的危机进行全面、详细的分析，洞察危机的潜在因素，防止危机破坏作用的扩大。这种能力导向是管理者心理应急能力的重心。

❀拓展视窗❀

危机决策过程是一个心理过程，在这个过程中有许多因素是需要进行控制的，通过各方面的综合控制达到心理素质的优化。一般来说主要的控制方法有以下两种：

第一，直觉联想法。在危机决策中往往需要迅速做出反应，相当多的危机决策基本上都是需要靠直觉完成。人的直觉常常带有下意识的色彩，然而，直觉又是有其思想基础及产生条件的。当人们对问题的解决百思不得其解而处于冥思苦想的状态中，往往会产生某种直觉，直觉的产生给决策者提供了侧向思维的可能。这种直觉与要解决的问题相联系，会给人以意想不到的启示，对于克服思维停滞、思路狭窄具有明显的作用。作为领导应该提高自己把握直觉的能力，理性地运用到危机决策的过程之中。

第二，头脑风暴法。由于现在危机事件涉及的领域多元化，波动的方式也呈现多元化，且出现高频次、大规模的特点。因此，处理现在的危机事件，单靠领导者个人的智慧是不够的，必须善于运用群众的智慧。头脑风暴法就是一种集思广益的方法，它能使每个与会者都处于积极的思考状态，提出多种设想和意见，以拓宽领导者自己的思路，克服因思维惰性及情感固执所造成的固定模式，同时可以克服领导者的自负心理，使决策过程更加科学。

❖管理感悟❖

1.这世界除了心理上的失败，实际上并不存在什么失败，只要不是一败涂地，你一定会取得胜利的。

2.最好的医生是自己，保持良好的心态，就是最成功的健康。

3.良好的心理素质是一剂良药，能催人奋进，反之它就是枷锁，使人灭亡。